Quiebra de pequeñas empresas por riesgo propietario

Anddy Parque

Sobre el autor

Anddy Parque

Anddy es el director financiero de Yuil technolgy investment, una empresa surcoreana de capital riesgo, y es uno de los principales gestores de su fondo de capital riesgo.

Ha trabajado como inversor de capital riesgo en KDB capital y como auditor en Choeun Savings Bank. También ha sido Consejero Delegado de Yuil Capital Partners y Careernet, y cuenta con una amplia experiencia que abarca desde la consultoría empresarial hasta la financiación de empresas de riesgo y de consumo.

Como ejecutivo de una institución financiera durante más de 10 años, ha experimentado muchas veces cómo los cambios en el entorno macroeconómico pueden determinar el destino de las instituciones financieras.
A raíz de esta experiencia, empezó a interesarse por las causas y consecuencias de las crisis económicas, especialmente en 1997, cuando Corea solicitó el rescate del FMI, y en 1998, cuando se reestructuraron instituciones financieras y empresas. Como resultado, escribió Dinero, especulación y fraude.
El libro es una colección de ejemplos reales basados en sus experiencias, que espera sirvan de lección a los propietarios de pequeñas empresas.
Anddy es licenciado en Económicas por la Universidad de Corea, cuenta con 30 años de experiencia en instituciones financieras y en el sector manufacturero, y es autor de cuatro libros: Dinero, Especulación, Fraude y ABC de las finanzas para tontos.

Contents

Prólogo

En mis casi 30 años en el mundo corporativo, he trabajado con un montón de pequeñas y medianas empresas, y aunque hay grandes ejemplos de empresas que han crecido hasta convertirse en medianas empresas, también hay bastantes que ya han desaparecido.

Las historias de las mejores prácticas suelen divulgarse invitando a los reporteros a entrevistar al Director General cuando lo necesitan, escribiendo historias de crecimiento y promocionándolas en los medios de comunicación, pero las historias de las empresas que quebraron o desaparecieron del mercado suelen ser difíciles de escuchar a menos que hayas participado en ellas o en el sector.

En mi caso, he conocido la quiebra a través de mi trabajo en consultoría de gestión y en inversiones y préstamos de instituciones financieras, o a través de mi función directa como director financiero. También he oído muchas historias de empresas en quiebra a través de conocidos.

Estas historias son más difíciles de encontrar que las mejores prácticas, y espero que puedan servir de valiosos ejemplos de lo que no deben hacer las pequeñas y medianas empresas que actualmente compiten por sobrevivir.

Sin embargo, debido a la naturaleza de denuncia de algunas de las historias, se han utilizado seudónimos en lugar de referencias directas a nombres reales, y las historias se basan en la no ficción, con alguna ficción inevitablemente añadida a la mezcla.

Al igual que hay muchas dictaduras en el mundo, también hay muchos dictadores en las empresas. No culpo a los dictadores corporativos porque algunas personas crean empresas para ser dictadores.

Sin embargo, si el dictador es incompetente, codicioso o incapaz de distinguir entre negocios y placer, la mayoría de los empleados no son inmunes a la tiranía del dictador y tienen que soportar el dolor por el bien de la organización.

Muchos de nosotros podemos identificarnos con las situaciones humillantes y destructoras del ego que tenemos que soportar para ganarnos la vida, pero el dictador parece deleitarse en el dolor y no muestra signos de disculpa o remordimiento, y el poder sin control no hace más que fortalecerse.

Con la esperanza de que los dictadores reconozcan que sus decisiones tienen un profundo impacto en el sustento de innumerables empleados y sus familias, que viven y mueren por sus empresas, analizamos cómo sus acciones han llevado al colapso de empresas.

En lugar de analizar los aciertos y errores de la quiebra y la malversación, este libro es una mirada prudente y desenfadada sobre cómo las acciones de personas que pueden tener un enorme impacto en una empresa pueden afectar a una organización.

1. La versión coreana de Ripley's Believe It or Not

Elegí el primer episodio para contar la historia de Kim, el propietario de una caja de ahorros (una institución financiera coreana similar a una S&L en Estados Unidos) donde trabajaba un conocido mío, que la convirtió en la séptima institución financiera del país con 2 billones de dólares en activos, pero fue sorprendido robando el dinero de los clientes e intentando huir de polizón justo antes de que cerraran el banco.

Kim nació en 1956 en una familia de campesinos pobres de Asan, provincia de Chungcheongnam (Corea del Sur), el mayor de tres hijos y una hija. Tras graduarse en la escuela primaria, fue a la secundaria, pero no estaba reconocida oficialmente, e incluso entonces fue tachado de alborotador y expulsado. Después se trasladó a Seúl y se dice que trabajó en una fábrica.

Era un estafador que se hacía pasar por estudiante de Derecho en la SNU (Universidad Nacional de Seúl), una de las mejores universidades de Corea del Sur, aunque su formación real consistía en un GED (Examen General de Desarrollo Educativo) y un título universitario comunitario de dos años.

Tras alistarse en el ejército, Kim conoció a un estudiante de Derecho de la SNU que se había alistado en 1978. Como suelen hacer los estafadores, Kim le dijo que él también estudiaba Derecho en la Universidad Nacional de Seúl, que había aprobado el bachillerato con un GED porque su familia era pobre y que se había alistado en el ejército en cuanto le aceptaron en el programa de Derecho porque no conocía a nadie en ese programa.

Los dos se hicieron muy amigos, e incluso después de dejar el ejército, siguió a su amigo a la asociación de antiguos alumnos de la Facultad de Derecho de la

Universidad Nacional de Seúl, viviendo la vida de una versión coreana de Ripley.

El síndrome de Ripley, que se hizo famoso por las películas "Purple Noon", protagonizada por Alain Delon, y "El talentoso Sr. Ripley", protagonizada por Matt Damon, es una afección en la que una persona cree firmemente que una imagen falsa de sí misma es su verdadero yo y vive de acuerdo con esa imagen. Aunque el síndrome de Ripley en sí no está reconocido como enfermedad mental, se trata como uno de los síntomas de otros trastornos como los delirios de grandeza y los trastornos delirantes.

Se trata de un fenómeno en el que una persona con una gran necesidad de logro, al no poder satisfacer sus necesidades, sufre sentimientos de inferioridad y victimización, y dice mentiras repetidas y habituales, creyéndolas verdaderas y actuando falsamente en un mundo que ha creado.

Cuando se trasladó a Seúl, mintió a sus padres diciéndoles que había hecho el examen de acceso a la universidad y había entrado en la carrera de Derecho de la Universidad Nacional de Seúl, y se hizo una foto con sus padres delante de la entrada principal de la universidad.

Tras ser licenciado del ejército, falsificó un carné de estudiante y empezó a asistir a las reuniones de antiguos alumnos de Derecho de la SNU, donde se convirtió en el presidente del grupo con la elocuencia y desvergüenza de un estafador.

En aquella época, el ambiente en el departamento de Derecho de la Universidad Nacional de Seúl era individualista y se centraba en estudiar para el examen de abogacía, una prueba nacional para convertirse en abogado, por lo que nadie quería asumir tareas generales del departamento. En esa situación, su imagen de estudiante proactivo que tomaba la iniciativa para ayudar en las actividades del departamento sólo podía ser buena.

Asistía todos los días a las clases de Derecho de la SNU, se presentaba a los exámenes y ampliaba sus actividades más allá de los límites de un falso estudiante universitario, como presidente del consejo de estudiantes, presidente del club, presidente del club GED y presidente de la clase.

En aquella época, los expedientes de los alumnos no estaban informatizados y el departamento de Derecho tenía muchos estudiantes preparándose para el examen de acceso a la abogacía, una prueba nacional para convertirse en abogado, por lo que la facultad aprovechó la debilidad de una gestión académica poco rigurosa diciendo que los estudiantes de Derecho se estaban preparando para el examen de acceso a la abogacía.

También aprovechó que era estudiante de Derecho en la Universidad Nacional de Seúl para convertirse en tutor. Se encargaba principalmente de dar clases particulares a estudiantes de tercero de bachillerato, centrándose en los exámenes de acceso a la universidad.
Al mismo tiempo, estudió para el examen de acceso a la abogacía y se presentó a la primera ronda mientras aún estaba en la universidad, y aunque afirmó haber suspendido por una pregunta, su nota media en la primera ronda fue de 26 sobre 100.

Su diligencia fue reconocida por sus compañeros y compañeros de estudios, y su compañero de clase le presentó a la hermana de su primo, la hija del presidente de un gran hospital que estaba matriculada en enfermería en una de las universidades femeninas más prestigiosas de Corea del Sur.

En 1982, Kim se hizo pasar por estudiante de Derecho en la Universidad Nacional de Seúl y se casó con la hija del director del hospital, que le había presentado un compañero de clase. El decano de la Facultad de Derecho de la Universidad Nacional de Seúl ofició la ceremonia y la mayoría de los estudiantes de Derecho asistieron como invitados.

Nadie sospechó que Kim era un falso estudiante de Derecho de la SNU porque estaba muy visible y sobrerrepresentado en varios actos de la escuela.

Sus compañeros celebraron su boda reuniendo dinero para comprarle un frigorífico como regalo de luna de miel.

Mintió a los padres de un estudiante del que era tutor, diciéndoles que había aprobado la primera prueba del examen de acceso a la abogacía, y les engañó para que invirtieran diciéndoles que tenía una buena inversión, por lo que pidió una hipoteca sobre una propiedad y utilizó el dinero para comprar su nueva casa.

El fraude de Kim se descubrió en 1983 durante la elaboración del anuario de la Facultad de Derecho de la Universidad Nacional de Seúl. Ese año, por primera vez, los anuarios debían incluir los nombres reales de los estudiantes y sus institutos, y fue durante el proceso de comprobación de su nombre real cuando se descubrió que era un falso estudiante de la SNU.

Incluso se hizo una foto de graduación para el anuario, y en el proceso no anotó su dirección para el anuario, pero cuando la oficina del departamento comprobó el registro para rellenar su dirección después de casarse e irse de luna de miel, se descubrió que era un estudiante universitario falso. Fue un gran incidente del que se hicieron eco los medios de comunicación de la época y que más tarde se convirtió en motivo de una novela.

No se le sancionó legalmente por esta actividad fraudulenta porque no causó ningún daño a otros estudiantes. Como no había base legal para castigarlo, y su imagen en la escuela no era mala en ese momento, no se enfrentó a ninguna sanción incluso después de que se confirmara que era un falso universitario.

Cuando se descubrió que Kim era un falso universitario, algunos alumnos lo buscaron por la escuela, entre ellos uno que ahora es el presidente de Corea del Sur.

Sin embargo, incluso después de que se descubriera que era un falso estudiante de Derecho de la SNU, Kim siguió manteniendo el contacto con los antiguos alumnos, especialmente asistiendo a las reuniones de antiguos alumnos de Derecho de la SNU, lo que los verdaderos alumnos toleraron porque tenía una buena imagen y un amplio círculo de amigos porque les había guiado en sus carreras académicas, por lo que no había ningún beneficio en echarle, y tener a un hombre rico que estaba casado con la hija del presidente de un hospital en la asociación de antiguos alumnos sería beneficioso hasta cierto punto.

Cuando estalló la estafa, la familia de la hija del director del hospital, que estaba casada con el presidente Kim, naturalmente la presionó para que se divorciara, pero estaba embarazada de siete meses y los prejuicios sociales contra las mujeres divorciadas eran graves en aquella época.

Kim estafó a la familia de un antiguo tutor un total de 16 millones de wones (unos 12.000 dólares) en concepto de honorarios de tutoría y orientación para el examen de acceso a la universidad, y fue detenido por la policía y encarcelado por estafar a varios inversores. En aquella época, el salario mensual de una gran empresa era de unos 300.000 wones (unos 230 dólares), por lo que 16 millones de wones era una suma bastante elevada.

En 1985, solicitó un empleo en Daewoo Group, un importante conglomerado de la época, y fue aceptado. En aquella época, el Grupo Daewoo sólo contrataba a licenciados de universidades prestigiosas como la Universidad Nacional de Seúl, la Universidad de Corea y la Universidad de Yonsei, y aunque pasó el laxo sistema de recursos humanos de la empresa, fue despedido tres meses después de incorporarse porque la comprobación de antecedentes educativos de la empresa reveló que era un estudiante universitario falso.

Kim pidió dinero prestado a sus adinerados suegros para montar varios negocios, pero todos fracasaron, y pudo ahorrar lo suficiente para comprar un negocio de promoción inmobiliaria y otro de canteras en los que invirtió por casualidad. Luego utilizó este dinero para comprar una empresa constructora, que quebró durante la crisis financiera coreana de 1997, dejándole con una deuda de miles de millones de wons. En ese momento, el Sr. Kim se convirtió en un mal riesgo crediticio.

A pesar de ello, Kim entró en el sector financiero en 1999, cuando adquirió el Korea Mutual Credit Bank, con sede en la isla de Jeju, por 500 millones de wones, utilizando el nombre de su hermano en lugar del suyo propio.

Tras la crisis financiera de Corea del Sur de 1997, para facilitar la adquisición de instituciones financieras en quiebra, el gobierno surcoreano relajó la normativa sobre la adquisición de instituciones financieras, incluida la eliminación de las pruebas de cualificación para los principales accionistas, lo que facilitó a Kim, que tenía un mal historial crediticio, la adquisición de la empresa.

Tras adquirir la empresa, utilizó la asociación de antiguos alumnos de la Facultad de Derecho de la Universidad Nacional de Seúl, que había mantenido y apoyado incluso después de la estafa de los falsos estudiantes universitarios, para reclutar a sus amigos y antiguos compañeros de clase para la caja de ahorros.

Sin embargo, con un mal historial crediticio, se sentía incómodo nombrándose a sí mismo director general. En su lugar, necesitaba a alguien con un perfil más alto para asumir el cargo de CEO, y un conocido le presentó a otro capitalista de riesgo, el Sr. Yoon.

Yoon era un estafador y asesino que había matado a su mujer en Hong Kong, intentó sin éxito pedir asilo en la embajada norcoreana en Hong Kong y luego regresó a Corea del Sur y mintió sobre haberla matado porque era una espía norcoreana, glorificándose a sí mismo como luchador anticomunista.

Yun era de la misma provincia de Chungcheongnam que Kim, abandonó la escuela secundaria y sólo pasó seis meses en el ejército, pero afirmó fraudulentamente que se había graduado en una academia militar.
Como director general de Pass21, una empresa de lectores de huellas dactilares, se hizo pasar por capitalista de riesgo y pagó muchos sobornos a funcionarios del gobierno.

El Presidente Kim nombró a Yoon, que tenía un currículum ostensiblemente variopinto, Consejero Delegado de una institución financiera que había adquirido, y utilizó el reconocimiento de su nombre para promocionarla.
Sin embargo, cuando se reveló la verdad sobre el caso de asesinato de Yoon y éste fue detenido, Kim se vio obligado a convertirse él mismo en consejero delegado y presidente de la institución financiera.

El banco pasó a llamarse Mirae Savings Bank en 2000, luego adquirió Budget Savings Bank en 2002 y Samhwan Savings Bank en 2005. En 2005, el banco amplió su alcance abriendo una sucursal en Gangnam, Seúl, y en 2009 adquirió la Caja de Ahorros Hanil. Más de una década después de la adquisición, Mirae Savings Bank ha crecido hasta convertirse en la séptima institución financiera del país, con unos activos de 2 billones de KRW.

El principal producto de ingresos de Mirae Savings Bank eran los préstamos a un día. Mientras que los préstamos normales toman garantías y se deshacen de ellas cuando los intereses o el principal se retrasan tres o cuatro veces, los préstamos diarios toman el principal y los intereses todos los días, por lo que las garantías pueden subastarse en cuanto se retrasan tres o cuatro días.

Un objeto colateral representativo que fue retirado de esta forma es la Casa Antigua Geonjae en Asan, Chungcheongnam-do.
Era una casa donde vivían los descendientes de una prominente familia llamada Yigan durante la Dinastía Joseon, y durante el reinado del rey Gojong de la Dinastía Joseon, un hombre llamado Gunjae Lee Sang-ik compró varias casas de azulejos cercanas y construyó una típica casa de azulejos, que era tan valiosa que fue designada bien cultural popular nacional.

Se decía que sólo los pinos del jardín valían miles de millones de wones. Sin embargo, cuando Lee, descendiente de Lee Sang-ik, pidió un préstamo de 7.000 millones de wones (5,26 millones de dólares) al Mirae Savings Bank usando la casa como garantía para su negocio de procesamiento de alimentos, y Lee no pagó el préstamo, el presidente Kim la subastó y se hizo con la propiedad de la casa.

Cuando Lee perdió la propiedad de la casa, al parecer se suicidó por la culpa de no haber sido capaz de proteger la propiedad que había heredado de sus antepasados.

Kim la convirtió en una villa privada y compró los castaños de los alrededores y 80.000 metros cuadrados de terreno a nombre de un pariente, plantando todo tipo de flores y árboles y creando un jardín privado. La villa era tan grande que sólo se podía ver tras caminar por el césped durante 15 minutos.

El Presidente Kim también compró 3.305.800 ㎡ de terreno en los alrededores de Asan, Chungcheongnam-do, para construir un hermoso campo de golf llamado CC, que pidió prestado a nombre de otra persona para financiar la construcción del campo de golf. Entre estos préstamos, sólo el ilegal del Mirae Savings Bank ascendía a más de 200.000 millones de wones (150 millones de dólares).

Durante este proceso, el Sr. Heo, otro defraudador, se enteró de que el Presidente Kim había pedido un préstamo ilegal por valor de 200.000 millones de wones para financiar la construcción del campo de golf, y junto con el Sr. Lee, antiguo asesor parlamentario, envió un correo electrónico al Presidente Kim y le amenazó.

Presionando al Servicio de Supervisión Financiera y a los fiscales para que denunciaran los préstamos ilegales del Presidente Kim, Heo extrajo 380 millones de wones (aproximadamente 300.000 dólares) de Kim. También obtuvo 85 millones de wones (unos 64.000 dólares) del Sr. Kim, un empleado del Mirae Savings Bank que participó en los préstamos ilegales, amenazándole con que también sería encarcelado si la investigación sobre los préstamos ilegales seguía adelante.

El Sr. Heo, que finalmente fue detenido acusado de fraude, era licenciado en Derecho por la Universidad de Harvard (EE.UU.) y había sido jefe de las delegaciones de Corea y Hong Kong de la Agencia Central de Inteligencia (CIA) estadounidense, pero resultó que sólo tenía el título de bachillerato.

Cuando el mercado inmobiliario surcoreano se desplomó a finales de la década de 2000, los préstamos para la financiación de proyectos inmobiliarios, un producto básico de las cajas de ahorros, empezaron a ir mal.
Esto provocó que el coeficiente de capital del Banco de Pagos Internacionales (BPI) de Mirae Savings Bank, que era del 9,34% a finales de junio de 2010, cayera al -10,17% en un año. La principal causa de la quiebra fue el propio Kim.

A las 3 de la madrugada del 5 de junio de 2011, cuando la rentabilidad de la caja de ahorros se estaba deteriorando, su hijo, que era funcionario de la Oficina de Distrito de Gwanak de Seúl (una forma de servicio militar surcoreano que le permitía ejercer como funcionario en la oficina de distrito), condujo un Mercedes Benz a gran velocidad en Apgujeong-dong, Gangnam-gu, Seúl, chocando contra seis o siete coches e hiriendo gravemente a seis personas.

El hijo del Presidente Kim, que estaba ebrio en ese momento, condujo un Benz alquilado al Mirae Savings Bank y chocó contra ocho coches antes de huir y ser capturado por la policía, que fue detenida por taxistas que presenciaron el atropello.

En ese momento, su tasa de alcoholemia era de 0,137 por ciento y, al parecer, el hijo de Kim gritó al taxista que le perseguía: "Mi padre es el jefe del Mirae Savings Bank".

Mientras tanto, a medida que la gestión de la caja de ahorros se deterioraba, el presidente Kim tuvo que elevar el coeficiente BIS por encima del 8% para evitar la quiebra del banco. Para ello, necesitaba aumentar el capital de Mirae Savings Bank, así que urdió un plan con Lim, presidente de Solomon Savings Bank, y Hong Won-jeong, director de Seomi-Gallery, que había monetizado obras de arte de políticos y empresarios famosos.

El suegro y el cuñado de Hong eran chaebols, por lo que estaba familiarizado con ellos y les había estado cobrando sus cuadros. Debido a la falta de claridad de las normas sobre el valor de los cuadros, el comercio se utilizaba a menudo como una forma de evadir impuestos y ocultar dinero.

Primero, Kim prestó 28.500 millones de wones (21 millones de dólares) al Solomon Savings Bank como garantía para una ampliación de capital de 3.000 millones de wones (2,2 millones de dólares), utilizando como aval los cuadros que poseía en la galería. Después, Kim pignoró algunos de los cuadros que recibió como garantía de la galería al Solomon Savings Bank y recibió un préstamo de 30.000 millones de wones (22,5 millones de dólares).

A continuación, pignoró el resto de los cuadros que recibió como garantía de Sumi Gallery a Hana Capital, y Mirae Savings Bank recibió una ampliación de capital de 14.500 millones de wones (11 millones de dólares) de Hana Capital. También convenció a los empleados de la empresa para que participaran en la ampliación de capital de Mirae Savings Bank con 8.000 millones de wones (6 millones de dólares) de sus salarios e indemnizaciones.

Sin embargo, Mirae Savings Bank, cuyo ratio BIS cayó hasta el -16% debido a su mala gestión, fue finalmente suspendida en mayo de 2012, y los ejecutivos de la caja que robaron el dinero de los clientes mediante fraudes y préstamos ilegales no pudieron evitar el castigo legal. Por este motivo, se ordenó a los ejecutivos de la caja de ahorros, incluido el Presidente Kim, que abandonaran el país.

El 3 de mayo de 2012, ante los empleados de la empresa, Kim dijo: "Las probabilidades son menos del 50/50, pero haremos todo lo posible para salvar la caja de ahorros." Animó a los empleados y les pidió que no se rindieran.

En aquel momento, el lema de Mirae Savings Bank era "cambia de opinión", pero Kim finalmente no cambió de opinión sobre salvar el banco y en su lugar planeó escapar desviando fondos.

En abril de 2012, Kim tomó 200.000 acciones de un gran conglomerado de la custodia del Mirae Savings Bank y conspiró con un usurero para pagarle 8.000 millones de wones (6 millones de dólares) en comisiones y cobrar por adelantado unos 19.000 millones de wones (unos 14 millones de dólares).

Tras animar a sus empleados, Kim se dirigió a una sucursal del Woori Bank donde estaban depositados 25.000 millones de wones (unos 19 millones de dólares) de los fondos de Mirae Savings Bank e intentó retirar los fondos sin conocimiento de los empleados de la empresa.

En ese momento, un empleado de la caja de ahorros que estaba preocupado por una corrida bancaria debido al deterioro de la gestión de Mirae Savings Bank había retirado 5.000 millones de wones (unos 4 millones de dólares) por adelantado y los había guardado en otra cuenta de Mirae Savings Bank, por lo que la cantidad disponible para retirar era de 20.300 millones de wones (unos 15 millones de dólares).

Sin embargo, cuando el personal del banco le dijo al presidente Kim, que no conocía la contraseña porque el personal no se la había dicho, que no podía retirar el dinero, trajo los documentos pertinentes, incluido el sello corporativo de la empresa y su sello personal, y restableció la contraseña de la cuenta, y finalmente retiró 20.300 millones de wones en efectivo.

El Woori Bank, que no indicó el motivo del cambio de contraseña al restablecer la contraseña de la cuenta, fue multado posteriormente por el Servicio de Supervisión Financiera, y el responsable fue sancionado disciplinariamente.

Kim, que planeaba pasar de contrabando a China a través del puerto de Gungpyeong en Hwaseong, provincia de Gyeonggi, con unos 40.000 millones de wones (unos 30 millones de dólares), incluidos 20.300 millones de wones (unos 15 millones de dólares) que había retirado del banco y 19.000 millones de wones (unos 14 millones de dólares) que había conseguido cobrando acciones por adelantado, confió 5.600 millones de wones (unos 4,2 millones de dólares) a un conductor que era compañero de clase en la escuela primaria de Kim para que los llevara al puerto más tarde.
Sin embargo, el conductor huyó con el dinero y nunca se presentó en el puerto.

Tras reunirse con el Sr. Oh, antiguo gángster y agente de contrabando, en el puerto de Gungpyeong, en Hwaseong (Gyeonggi-do), para introducirlo de contrabando a bordo de una pequeña embarcación de 9,5 toneladas, Kim fue descubierto por los guardacostas surcoreanos, que habían estado de incógnito, y detenido en la cabina de la embarcación de contrabando.

En el momento de su detención, Kim llevaba al parecer un pasaporte y 12 millones de wones (9.000 dólares) en efectivo, y mantuvo su inocencia diciendo: "No intentaba hacer contrabando, sólo subía al barco". Las decenas de miles de millones de wones en efectivo que Kim había dispuesto no se encontraron en el lugar de los hechos, y se desconoce dónde las escondió.

Había 88.000 depositantes en la Caja de Ahorros Mirae, que fue cerrada junto con la Caja de Ahorros Solomon el 6 de mayo de 2012 debido a la mala gestión de Kim, y 2.000 depositantes se quedaron sin su dinero.

Según la investigación anunciada por la fiscalía tras la detención de Kim, se calcula que robó más de 250.000 millones de wones (unos 190 millones de dólares) de la caja de ahorros y los escondió.

También se sospecha que desvió fondos comprando un cuadro de su hija, que era estudiante de arte, por una cantidad exorbitante, y prestando ilegalmente 10.000 millones de wones (unos 7,5 millones de dólares) a un negocio de buffet de marisco a nombre de su mujer.
También se reveló que prestó 27.000 millones de wones (unos 20 millones de dólares) para financiar un negocio de casinos en Filipinas y que prestó ilegalmente 150.000 millones de wones (unos 110 millones de dólares) a una empresa propiedad de Kim a través de un tercero.

Fue condenado a nueve años de prisión en el primer juicio, en enero de 2013, pero la sentencia se redujo a ocho años en apelación en diciembre de 2013.
Entre los cargos contra Kim, fue declarado culpable de 302.800 millones de wones (227 millones de dólares) en malversación, 57.100 millones de wones (43 millones de dólares) en apropiación indebida y 526.800 millones de wones (396 millones de dólares) en créditos al accionista mayoritario de una caja de ahorros, con una condena final de ocho años de prisión.

Al parecer, el Presidente Kim intentó suicidarse en prisión tras enterarse del suicidio de su amante.

Su primo hermano, del que le separan dos hermanos, había ayudado a Kim a recaudar dinero mientras dirigía la sucursal de Cheonan de la Caja de Ahorros Mirae, pero tras la detención de Kim y mientras era investigado, supuestamente se suicidó colgándose de un árbol de la calle.

Un oficial de crédito del Mirae Savings Bank también se suicidó mientras era investigado por la policía, dejando una nota de suicidio en la que afirmaba que era injusto ser sospechoso de malversación.

Se dice que el Presidente Kim trajo libros de Derecho y estudió mucho mientras estuvo en prisión, ya que era un académico que había estudiado Derecho anteriormente.

Se presume que salió de prisión tras cumplir su condena, pero no hay información sobre su paradero.

2. Malversación de patentes

El Sr. Song se especializó en electrónica en la universidad y trabajó como ingeniero de software en S Electronics, un importante conglomerado coreano, donde fue jefe de equipo. Sin embargo, tras 10 años de trabajo, sintió que la rígida cultura organizativa y la competencia cada vez más feroz le estaban arruinando la vida, así que decidió crear su propia empresa.

A la edad de 30 años, puso en marcha una empresa comercializando un artículo que tenía en mente y, como se sentía abrumado por el cargo de director general, contrató a una persona con gran reputación como superior en el trabajo para que asumiera el papel de director general y le dio la mitad de las acciones para que pudiera desempeñar su función de director general.

En los primeros días de la empresa, había más problemas con las ventas que con la tecnología, como le ocurriría a cualquiera, y el nuevo CEO había sido bien tratado en su anterior trabajo, así que no tomó un papel activo en las ventas, la gestión o la tecnología, por lo que el Sr. Song tomó la iniciativa en la mayoría de las cosas.

Tras aproximadamente un año de lucha, la empresa se estableció en cierta medida, y en el proceso de planificación de la dirección de la tecnología que determinaría el futuro de la empresa, surgió una disputa con el nuevo CEO.

Durante este proceso, el Sr. Song descubrió que el CEO había hecho suyos a los miembros del consejo de administración y, al final, el Sr. Song no consiguió hacerse con el control del consejo y perdió la empresa que había estado construyendo con constancia durante un año a manos del CEO en el que confiaba y en el que se apoyaba.

El Sr. Song, que no sabía nada de gestión, especialmente durante el proceso de puesta en marcha, confió al CEO la tarea de poner en marcha y gestionar la empresa.

Sin embargo, el director general dividió las acciones de la empresa en ordinarias y preferentes para hacerse con el control. Las acciones ordinarias se emitieron con derecho de voto normal, mientras que las preferentes se emitieron sin derecho de voto y sólo con derecho a recibir dividendos. El capital social total se compuso de un 50% de acciones ordinarias y un 50% de acciones preferentes.

Como el 50% de las acciones concedidas al Sr. Song eran acciones preferentes y el 50% de las acciones tomadas por el CEO eran acciones ordinarias, el Sr. Song no tenía derecho de voto en la empresa y sólo podía recibir dividendos.

No creyendo que el CEO, que tenía buena reputación en su anterior empresa y era digno de confianza y fidedigno, actuara de forma tan perversa, el Sr. Song intentó resolver el asunto mediante una reunión con el CEO, pero éste sólo quería ponerse en contacto con el Sr. Song a través de un proceso formal de acciones legales y documentos, y se negó a reunirse informalmente.

Tras un año de infructuosas batallas legales para recuperar el control de la empresa, el Sr. Song decidió crear su propia empresa y empezó a reclutar miembros, principalmente técnicos que habían trabajado anteriormente en S Electronics.

Tras ser traicionado por alguien en quien confiaba, se convirtió en una persona desconfiada y tomó el control del proceso de puesta en marcha de la nueva empresa, quedándose él mismo con el 98% de las acciones y permitiendo sólo el 2% de las acciones al resto de los miembros fundadores.

La disputa sobre la equidad le hizo sensible a la equidad, y la democracia en la gestión no era aceptable para él. Sin embargo, los primeros tiempos de la empresa siempre fueron difíciles, y a menudo se retrasaba uno o dos meses en el pago de su sueldo. Cuando eso ocurría, pedía dinero prestado para pagar los sueldos de sus empleados, excepto los de los ejecutivos.

La mujer que se encargaba de la contabilidad dimitió al no poder hacer frente a las nóminas, y la situación financiera de la empresa hacía difícil atraer a empleados de calidad, por lo que el resto de la plantilla estaba sobrecargada de trabajo que exigía que una persona hiciera el trabajo de dos o más.
Con la empresa en una situación financiera difícil y carente de fondos, lo único que podía hacer el director general era presentar una visión de futuro y pedirla a los empleados con una actitud humilde.

Aunque la situación de la empresa era difícil, el proceso de toma de decisiones era bastante democrático en comparación con otras empresas, y el flujo de información no tenía obstáculos desde abajo hacia arriba. Como la empresa era difícil de gestionar, intenté eliminar las ineficiencias incluso en las áreas más pequeñas, y estaba dispuesto a mejorar la productividad.

Además, para recibir fondos de la política gubernamental, teníamos que redactar un plan de empresa y preparar una presentación sobre el negocio, lo que aumentaba nuestra carga de trabajo, pero trabajamos duro para resolver el problema de la insuficiencia de fondos y pudimos recibir financiación gubernamental.

Tras un año de duro trabajo, la empresa consiguió el contrato para suministrar a S-Electronics y empezó a generar ventas, lo que resolvió en cierta medida el problema de financiación. El Sr. Song creó entonces un equipo de proyecto para colaborar con S-Electronics en el proyecto, con el objetivo de ofrecer los resultados que S-Electronics quería en un plazo de tres meses.

Durante el primer año de existencia de la empresa, el Sr. Song intentó mantener a los empleados técnicamente inadecuados mediante formación, pero a medida que la situación mejoraba, empezó a deshacerse de los ingenieros deficientes después de cada proyecto, y el sitio web de ofertas de empleo de la empresa estaba siempre abierto para contrataciones a tiempo completo.

Al final del proyecto, casi la mitad del equipo se marchaba y la otra mitad era sustituida, pero el equipo había crecido hasta casi 100 personas.

A medida que la empresa crecía, se trasladaba a oficinas más grandes, y el despacho del director general y las salas de conferencias se llenaban a menudo de voces alzadas. En la zona de fumadores crecía el descontento de los empleados y empezaron a marcharse miembros del consejo que llevaban en la empresa desde sus inicios.
Se marchó diciendo que el CEO había perdido su toque y se había convertido en un dictador, y el dictador estaba rodeado de gente que le temía.

La gente de la empresa decía que el Director General tenía que ser coherente y predecible.
Al igual que nos fijamos en la historia para juzgar el presente y el futuro, decían, el Director General debe ser coherente, para que podamos predecir lo que hará basándonos en los ejemplos de las decisiones del Director General en el pasado y prepararnos de antemano, para que podamos trabajar con eficacia y rapidez.

Sin embargo, dijeron que el CEO de la empresa no podía entender la diferencia entre las decisiones que tomó hace una semana y las que tomó hoy.
Dijeron que no podían hacerse una idea de cómo se tomaban sus decisiones, como un maníaco-depresivo que se deja llevar por su estado de ánimo.

También vimos menos conversaciones del CEO con ejecutivos y tecnólogos internos. Era más probable que diera prioridad a las opiniones de sus asesores personales de fuera de la empresa, como empleados jubilados de una empresa mediana que le presentaron en la iglesia, o amigos íntimos y personas mayores, antes que a las de los empleados internos.

Incluso cuando el personal interno recopilaba y analizaba información relevante tanto de dentro como de fuera de la empresa y, en última instancia, presentaba informes para la toma de decisiones, el director general se convertía en un dictador, que a menudo tomaba decisiones basándose en consejos desinformados de su círculo de asesores personales.

Había normas internas, y las cosas que se habían hecho de acuerdo con reglas y principios cuando la empresa atravesaba sus primeros tiempos difíciles se aplicaban ahora a capricho de un dictador. Si alguien decía que algo estaba fuera de lugar, se cambiaban las reglas.

Esto rompía los principios y creaba ineficiencias dentro de la empresa. El despacho del CEO estaba siempre cerrado y la información de la empresa estaba monopolizada por unas pocas personas, en comparación con la época en que el CEO se ocupaba incluso de los empleados de menor nivel cuando la empresa tenía problemas, y el flujo de información era transparente y fluido.

La relación entre el propietario y los empleados, que se creía horizontal, parecía haberse convertido en una relación entre un emperador inaccesible y un sirviente, y como un paciente maníaco-depresivo, cada vez que los gritos del dictador se hacían más fuertes, los empleados se retraían psicológicamente y dudaban en ponerse delante del dictador.

Algunos pensaban que era injusto y discutían, y otros obedecían, pensando que el dueño sería responsable si algo salía mal. Sin embargo, si el resultado salía mal, la responsabilidad recaía siempre en el responsable, por lo que la vocecita del responsable diciendo que no se oponía quedaba ahogada por la vocecita del dictador.

Una a una, las personas que no soportaban esta situación se marchaban, pero los puestos vacantes eran ocupados por otras, y la empresa seguía funcionando sin cambios. La voz del dictador se hacía cada vez más fuerte a medida que desaparecían las personas que le mantenían a raya, y sus asesores externos visitaban a menudo la empresa con la esperanza de ganarse un puesto en la organización.

A algunos se les pagaba mucho dinero por ser asesores, mientras que a otros se les pagaba por realizar servicios que no eran necesarios.
Nadie sabía adónde iba a parar el dinero, pero nadie pensaba que fuera un negocio legítimo.

Quizá porque ahora no había nadie que lo controlara, el dictador llamó al jefe del equipo directivo y le dio la orden de comprar activos intangibles por valor de cientos de millones de wones. Esta es la tecnología del futuro, esta es la tecnología que dará forma a la visión de la empresa, esta es la patente que hay que comprar, y como ha trabajado tanto para conseguir el trato, les ha dado instrucciones para que preparen los fondos para el pago inicial y el saldo pendiente.

No había nadie en la empresa para controlarlo, y no quedaba nadie de los que ya habían puesto en marcha la empresa. No había nadie para decirle al dictador que la tecnología no merecía la pena, que era un despilfarro de dinero, que aceptar este contrato podría dejar a la empresa fuera de juego.

Pero nadie en la empresa pensaba que esta tecnología sería la visión de futuro de la empresa como decía el dictador. Todo el mundo estaba resignado a que esto era lo que el dueño quería hacer, y los únicos que lo sabían eran los ejecutivos y el equipo directivo. Como el dictador lo hacía en secreto, nadie más que los responsables y los ejecutivos lo sabía.

No sabemos a dónde fue a parar el dinero de este contrato. Sin embargo, aproximadamente un mes después de la firma del contrato, el antiguo jefe del equipo directivo fue sustituido y se contrató a un nuevo jefe del equipo directivo. Los activos de la empresa no eran lo suficientemente grandes como para requerir una auditoría externa por parte de un contable público certificado. El dictador se aprovechó de la falta de una auditoría externa obligatoria, y el contrato para comprar las patentes de esta manera fue supuestamente diseñado por un asesor externo que conoció en la iglesia.

Tal vez lo hicieran porque la salida de fondos a través de este tipo de acuerdo era mejor que la cantidad de impuestos que tendrían que pagar en la forma habitual de pago de primas o dividendos, pero la pérdida de personas que pudieran asesorarles sobre riesgos legales y otras cuestiones se convirtió en un gran riesgo de la dictadura.

En Corea del Sur, las empresas suelen temer las auditorías fiscales de la Agencia Tributaria y las auditorías de las instituciones financieras por parte del Servicio de Supervisión Financiera. Sin embargo, el dictador, que no tenía experiencia en este tipo de auditorías, necesitaba que alguien le asesorara sobre las implicaciones de una auditoría externa.

Y había un hecho importante que había pasado por alto. Había olvidado que S Electronics, un conglomerado mundial, realiza auditorías sin previo aviso de sus subcontratistas para identificar actividades ilegales y problemas técnicos y de gestión que puedan abordarse en la gestión de los subcontratistas.

A través de la auditoría, S Electronics accede no sólo a los datos necesarios para las ventas, sino también a los relacionados con la gestión, la contabilidad, los recursos humanos y la informatización, y los refleja en la evaluación cualitativa de los subcontratistas. A través de este proceso, se tomaron decisiones como la negociación de los precios unitarios de entrega y la recontratación.

Hubo varios campos de minas, como la investigación fiscal, la auditoría contable y la auditoría de gestión de S Electronics, pero al final el equipo de auditoría que llegó primero fue el de S Electronics. Durante la auditoría de gestión no anunciada, el equipo auditor, que examinó minuciosamente los libros y los resbalones de la empresa, decidió no prorrogar el subcontrato con la empresa, y los rumores sobre la corrupción de la empresa se extendieron por el sector, lo que provocó la expulsión de la empresa del sector.

Los empleados de la empresa, que no eran leales a ella, se trasladaron a otras empresas, y no se sabe nada de las actividades comerciales de la empresa, de su recuperación ni del paradero del Sr. Song.

3. Lobbying y fraude contable

Si Estados Unidos tuvo una burbuja puntocom en 2000, Corea tuvo una locura de empresas de riesgo. En aquella época, el mercado de valores coreano era el KOSDAQ, equivalente al NASDAQ en Estados Unidos. Sin embargo, en la época de la burbuja de las puntocom, el índice KOSDAQ alcanzó los 2.925 puntos, y el mercado estaba tan sobrecalentado que el PER alcanzó las 10.000 veces y hubo valores que se multiplicaron por más de 100 veces.

En aquella época, la locura por las empresas de riesgo en el mercado KOSDAQ era comparable a la burbuja de las puntocom en Estados Unidos, y las empresas de riesgo formaron asociaciones de empresas de riesgo para reforzar su presión sobre el gobierno y las organizaciones relacionadas.

Entre estas empresas, había una famosa que alcanzó los 50.000 millones de wons en ventas y promocionó su tecnología localizando equipos importados de Japón.
El mito del éxito de esta empresa llenó los medios de comunicación hasta el punto de que se convirtió en la primera empresa reconocida como empresa de riesgo.
También fue directivo de la Venture Business Association y organizó una red de organizaciones afines.

La imagen de la empresa en los medios de comunicación era la de una empresa emprendedora, transparente, limpia y de principios, con normas estrictas. El director general parecía serio y el director financiero hablaba del brillante futuro de la empresa y de su ambición de convertirse en la mejor empresa de Corea.
Desde fuera, la empresa parecía un gran lugar para trabajar y un sitio envidiable en el que estar.

Sin embargo, los empleados internos veían un panorama distinto. Los ejecutivos solían estar fuera de la ciudad en viajes de negocios, y el personal administrativo interno pasaba la mayor parte del tiempo intentando disfrazar de normalidad las transacciones anómalas.

Un día, Kim, miembro del equipo directivo, recibe una llamada del director financiero, que está trabajando en algo importante fuera de la empresa.

Kim: (suena el teléfono) ¿Hola? Soy el jefe de equipo Kim.

Director financiero: Sr. Kim, tengo que pedirle un favor. Necesito que retire 100 millones de wons en efectivo del banco XX antes de las 15:00 de hoy y espere.

Jefe de equipo Kim: (curioso) ¿Qué es lo que me pide?

Director Financiero: (rápidamente) Necesito el efectivo urgentemente, así que no haga más preguntas.

Sr. Kim: De acuerdo. Iré al banco a retirar dinero y le esperaré.

El Sr. Kim llega al Banco XX y retira la cantidad de efectivo solicitada por el director financiero, 100 millones de wons. Cuenta cuidadosamente el dinero y lo guarda en su maletín.

Espera fuera de la entrada principal del banco a que llegue el coche del director financiero. Al cabo de unos instantes, el coche del director financiero se detiene y se abre la puerta. El Sr. Kim entrega el dinero con seguridad.

Un mes después, el jefe de equipo Kim está estresado porque no ha recibido ninguna documentación sobre el uso de los 100 millones de wons que entregó al director financiero. Va a la oficina del director financiero para resolver el problema.

Jefe de Equipo Kim: Sr. Director, necesito los justificantes de los 100 millones de KRW en efectivo que retiré hace un mes. ¿Cuándo puede dármelos?

Director financiero: (nervioso) Es tu trabajo organizar eso. ¿Por qué tiene que acudir a mí?

Jefe de equipo Kim: (confuso) Señor Director, son fondos de la empresa y necesito saber en qué se utilizaron y la documentación justificativa para cuadrar las cuentas.

Director Financiero: (enfadado) ¿Por qué me regaña así? Es tu trabajo organizar los libros, y así es como lo hicieron todos mis predecesores. Eres tan inflexible.

Sr. Kim: (con cara seria) Es nuestro trabajo organizar los fondos de la empresa. Si no sé lo que pasa, ¿cómo puedo llevar la contabilidad?

Director financiero: (enfadado) Si no puedes hacer tanta contabilidad, ¿cómo puedes estar en ese puesto? Debes de ser un empleado muy incompetente.

Jefe de equipo Kim: (con calma) Estoy decidido a hacer bien mi trabajo, y necesito la documentación de apoyo para mantener la salud financiera y la transparencia de la empresa. Su cooperación será muy apreciada.

El director financiero desestima la petición de Kim, diciéndole que depende de usted. Menos de un mes después, Tim es despedido de la empresa.

De este modo, los fondos de la empresa se canalizaban hacia círculos empresariales, burocráticos y políticos para ser utilizados en favor de intereses particulares. De este modo, los fondos de la empresa se destinaron indebidamente a grupos de presión, y empleados como Kim no pudieron desempeñar sus funciones legítimas.

Para hacer pasar por legítimas transacciones no documentadas por valor de miles de millones de wons, el personal de contabilidad y finanzas tuvo que llevar una contabilidad segmentada y manipular los saldos de activos de inventario como materias primas, materiales subsidiarios y productos.

La necesidad de revisar la cantidad y el valor de los activos de inventario mediante recuentos de inventario también llevó a un número inusualmente alto de recuentos de inventario en papel, así como al uso de grandes cantidades de recibos de caja que eran aceptables dentro de un determinado rango de dólares.

La empresa llegó incluso a registrar empleados fantasma que no trabajaban para la empresa y malversaron costes laborales, creando libros ficticios para que las cifras contables coincidieran con las reales.

Para presionar a los funcionarios del gobierno, se entretenían en lugares de ocio, como pensiones, y en las pensiones utilizaban nombres de comerciantes de tarjetas, como vendedores de electrónica y tiendas de arroz, para disfrazar las tarjetas corporativas que utilizaban como transacciones normales.

Algunos ejecutivos sin escrúpulos llegaron a malversar 30 millones de wones en descuentos de tarjetas confabulando con trabajadores del espectáculo para hacer pasar sus tarjetas corporativas por transacciones normales.

Aunque los escándalos eran pequeños comparados con los grandes, como el escándalo de la contratación en Japón y el escándalo contable de Enron en Estados Unidos, había límites para el crecimiento de las pequeñas y medianas empresas gracias a este tipo de lobbies y fraudes contables.

Cuando cambiaba el gobierno, se volvía a presionar a los nuevos políticos para que se alinearan, y se enviaban muchos sobres a los periodistas para elevar el perfil del CEO y de la empresa.
También se dio mucha hospitalidad a los contables públicos certificados para mantener la cotización en el KOSDAQ en la auditoría externa de las empresas de contabilidad.
Sin embargo, debido al refuerzo de la normativa de auditoría externa, la auditoría de la empresa de contabilidad dio como resultado una opinión sin reservas, lo que provocó la retirada de la empresa del mercado KOSDAQ.

La salida del mercado KOSDAQ significó que la empresa ya no podía utilizar los fondos de los inversores para obtener capital adicional. Para empeorar las cosas, una investigación fiscal por malversación de fondos y una causa penal por fondos de grupos de presión gastados previamente en nombre de la empresa la llevaron a la quiebra de facto.

El nombre de la empresa es ahora un recuerdo lejano, pero una vez fue tan prominente que aparecía como un término de búsqueda relacionado con el término de búsqueda venture.

Pero aunque la reputación de la empresa era tal que muchos de los ingenieros que aprendieron allí su oficio llegaron a tener éxito y estaban orgullosos de llamarla su hogar, la falta de gestión práctica de la empresa, las tácticas de presión que empleó para sobrevivir y la inmoralidad de sus ejecutivos, que abordaban estos sobornos y favores con una astucia que no cambió con el cambio de los tiempos y la creciente conciencia de la ética y la moralidad en la sociedad, acortaron su vida útil.

4. Una presidenta y un presidente coreano viviendo en Japón

Cuando trabajas en préstamos en una institución financiera, a veces llegas a conocer algunas empresas extrañas. Suele ocurrir que al principio no sabes por qué, pero luego visitas la empresa, o llegas a conocer a tu predecesor o al responsable de la empresa, y todo cobra sentido.

Esto ocurrió en 1997 en Corea del Sur, cuando el país estaba inmerso en una crisis de divisas. En Busan, la segunda ciudad y el mayor puerto de Corea del Sur, había muchas pequeñas y medianas empresas de reparación naval, y esta empresa era una de ellas.

Un conocido mío que trabajaba entonces en una institución financiera de Busan se encargaba de los préstamos, y una de las empresas con las que trataba siempre se retrasaba en sus pagos.

Cuando se incorporó a la empresa, su predecesor le dijo que no tenía sentido recordarles que pagaran, y que si esperaba lo suficiente, algún día se pondrían al día y le devolverían todo el capital atrasado.

Curioso por saber de qué se trataba, decidió visitar la empresa poco después de su llegada.

Había un edificio comercial junto al destartalado edificio de la fábrica, y en él había oficinas administrativas, incluido el despacho del director general y los despachos de los ejecutivos. Conocí a la presidenta de la empresa en el despacho del director general, y mi primera impresión fue que era una mujer muy guapa de unos 40 años, con el pelo largo y muy maquillada.

No parecía haber llevado una vida normal, y no dijo mucho más allá de un saludo formal, así que me sentí intimidada y salí rápidamente del despacho del CEO tras una rápida taza de café.

En el despacho del director financiero, hablé con él de negocios y conocí la historia de la creación de la empresa.

El director financiero de la empresa es el hermano menor del CEO y fue nombrado director financiero poco después de la fundación de la empresa. Me dijo que nunca había trabajado en finanzas, pero que el presidente de la empresa desconfiaba de él y le puso al frente porque era un familiar de confianza.

Me contó que hay un señor de mediana edad que no está oficialmente casado, pero que visita Corea cada dos meses. En la empresa le llaman el presidente, y cuando viene de visita se pagan todos los préstamos atrasados de la empresa.

Aunque el director financiero no lo dijo, más tarde oyó el rumor de que la señora era una conocida madame de la industria del entretenimiento, y que el presidente era un empresario coreano afincado en Japón que tenía éxito vendiendo máquinas de juego en Japón, y que a veces visitaba Busan para tomar algo en el salón donde trabajaba la señora porque echaba de menos su casa en Corea.

Él quería un lugar en Corea que pudiera llamar suyo, como una casa de vacaciones, y ella necesitaba un trabajo del que pudiera presumir ante cualquiera que quisiera escucharle.
Sus intereses coincidieron, y ella fundó una empresa en Busan cuya actividad principal era la reparación de barcos, y el presidente financió personalmente su creación y funcionamiento. Cuando el presidente visitaba Corea, se alojaba en su casa y luego regresaba a Japón.

Sin embargo, como nunca antes había dirigido una empresa, no sabía cómo gestionar su negocio principal, que es la reparación de barcos, y ha estado gestionando la fábrica recibiendo pedidos ocasionales de reparación de algunos armadores que eran antiguos clientes. Sin embargo, debido a su tendencia a gastar mucho, la empresa siempre ha estado en números rojos, y el déficit se ha cubierto con préstamos de instituciones financieras y los fondos personales del presidente.

La incapacidad de la empresa para convertir en rentable su principal negocio y sus continuas pérdidas desembocaron en una crisis en 1997, cuando la economía surcoreana entró en recesión debido a una crisis cambiaria. A pesar de los constantes impagos, la empresa pudo devolver todo el capital vencido tras un periodo de 2-3 meses.

Sin embargo, el inusual flujo de fondos no podía durar para siempre y, al cabo de un año aproximadamente, la empresa acabó quebrando.

Aunque la quiebra de la empresa fue causada en última instancia por la atonía de su negocio principal, la reparación de buques, un factor importante fue el uso de fondos personales por parte del presidente y el director financiero de la empresa, que no distinguían entre fondos de la empresa y fondos personales, y la resolución de la incómoda relación de convivencia entre el presidente y el presidente.

La situación financiera de la empresa empeoraba cada vez más, pero la presidenta y la directora financiera, que utilizaban los fondos de la empresa de forma privada, exigían más y más dinero cada vez que el presidente visitaba Corea, y con el paso del tiempo, el presidente, agobiado por sus excesivas exigencias financieras, ya no quiso continuar con la financiación y la relación, y el destino de la empresa fue la quiebra.

5. un bar de vinos con una propietaria

Me gustaría presentar otra historia sobre otra presidenta.
Había un japonés que había trabajado en fábricas desde muy joven en Japón y había sido ingeniero toda su vida. Llegó a ser presidente de una fábrica que reciclaba chatarra, y aprovechó una oportunidad de negocio en Corea por casualidad.

Cuando estableció su empresa en Corea y contrató personal para llevar la contabilidad, la teneduría de libros y otras tareas administrativas, contrató a una mujer de fuerte personalidad que se había licenciado en la escuela de música de una prestigiosa universidad coreana. Hablaba japonés con fluidez y no tuvo problemas para comunicarse con el presidente japonés, y aunque era licenciada en música, pudo desempeñar sus funciones sin mucha dificultad con la ayuda de asesores externos al principio de la empresa.

El jefe japonés, que viajaba de un lado a otro de Japón y Corea para gestionar ambas empresas, empezó a confiar en ella para trabajos relacionados con la empresa coreana, y entablaron una estrecha relación, no sólo en asuntos empresariales sino también personales.

Su relación evolucionó de subordinados a socios personales, a socios directores con una empresa en Corea y otra en Japón, y el jefe japonés delegó en la mujer la dirección de la empresa coreana.

Ella se convirtió en la directora general de la empresa coreana, y cuando el presidente japonés viajaba a Corea, a menudo se alojaba en su casa en lugar de en la empresa.
La empleada consiguió convencer al presidente japonés de que cambiara sus acciones por las de ella, argumentando que el crecimiento de la empresa se veía obstaculizado por las limitaciones de ser una empresa con inversión extranjera, y que ella era ahora la propietaria y presidenta de la empresa coreana.

Había un ejecutivo encargado de la gestión, pero ella desconfiaba de la gente, así que nombró a su hermano menor director financiero y empezó a convertir la empresa en su imperio.

El negocio de la chatarra era una industria de dispositivos que requería equipos a gran escala, sin más costes significativos que las tasas de recogida.

Sin embargo, la empresa ya había invertido en activos fijos hasta cierto punto, por lo que no suponía una carga de inversión de capital adicional, y la empresa era rentable porque recogía chatarra de un complejo industrial cercano y la transformaba en nuevos metales.

La situación comercial de la empresa, que se había consolidado gracias al sistema de inversión de capital, la línea de ventas y el sistema de gestión establecidos por el presidente japonés, aumentó en ventas y beneficios netos a medida que subían los precios internacionales de materias primas como los metales.

A medida que se prolongaba el periodo de inversión, los inversores que habían invertido en la empresa desde la creación de la corporación coreana del presidente japonés querían recuperar sus fondos de inversión, y la Sra. Yeo, agobiada por la existencia de los primeros inversores, planeó un escenario en el que se les daría la oportunidad de recuperar su inversión mediante la cotización en el KOSDAQ y se sustituiría a los primeros inversores.

Preparó la cotización en el mercado KOSDAQ con la intención de crear oportunidades de recuperación para los inversores externos. Tras más de un año de preparativos para obtener el título de sociedad cotizada designando a una sociedad de valores como sociedad principal, recibimos la notificación de que habíamos superado el examen preliminar de la sociedad de valores principal que realizaba el examen del KOSDAQ.

Mientras se preparaba para cotizar en KOSDAQ, ella y su hermano, el director financiero, establecieron un sistema cerrado para los fondos de la empresa y empezaron a utilizar los fondos de la empresa para uso personal. Sin embargo, nadie sabía exactamente lo que hacían con el dinero de la empresa porque se hacía en secreto a través de un sistema cerrado.

Durante una reunión con amigos en Seúl, se enteró de que los bares de vinos estaban de moda en Gangnam.
La demanda de vinos finos había aumentado, y el mercado estaba en auge con bares de vinos de lujo en Gangnam, Seúl, con interiores de alta gama que hacían que los clientes se sintieran parte de la clase alta mientras bebían vino fino.

Ella había construido su propio imperio dentro de la empresa gracias a su relación con el jefe japonés, pero le preocupaba que su imperio dejara de existir si su relación con el jefe japonés se rompía, así que estaba entusiasmada con la idea de abrir un bar de vinos en Gangnam, Seúl.

Junto con su hermano menor, que es director financiero, trabajó duro para construir un bar de vinos con fondos privados y el 100% del capital de la empresa a su nombre, y lo abrió en Gangnam como sociedad anónima con la ambición de salir a bolsa en el futuro. Cuando la empresa recibió la noticia de que había superado el examen preliminar para entrar en el KOSDAQ, organizó un acto de celebración en el bar de vinos.

Los inversores de la empresa y muchos de sus clientes se reunieron para felicitarla por su éxito y admirar el lujoso interior del bar de vinos, que había costado una fortuna.

El viejo dicho: "Lo bueno siempre tiene mala leche" no se equivoca. La proliferación de vinotecas en Gangnam empezó a perturbar el negocio de las vinotecas vecinas, y algunas incluso contrataron a gente para que siguiera todos sus movimientos.

Había mucha gente celosa de su éxito, gente que sufría mucho por su éxito y gente que no quería que triunfara porque se había ganado muchos enemigos en su vida.

Lo primero que hicieron fue escribir a las autoridades encargadas de la revisión del KOSDAQ. Como empresa que cotizaba en el KOSDAQ, en la carta se afirmaba que el bar de vinos infringía las normas para mantener la decencia y las buenas costumbres. Sin embargo, el contenido de la carta era difícil de reconocer como cierto porque el bar de vinos no entraba dentro de las actividades comerciales prohibidas, como otros establecimientos de ocio o la industria química.

Sin embargo, procedía de un lugar inesperado. Al reconocer que el bar de vinos era una sociedad anónima y una empresa relacionada con el CEO de la empresa que aprobó el examen preliminar KOSDAQ, la agencia de examen KOSDAQ invalidó el examen preliminar KOSDAQ, citando una violación de la normativa que exige a las empresas proporcionar toda la información sobre sus empresas relacionadas al solicitar el registro KOSDAQ.

En la época en que la directora general estaba construyendo el bar de vinos, sólo su hermano, que era el director financiero, y la directora general conocían la existencia del bar de vinos debido a su sistema cerrado de gestión de fondos, y los empleados que estaban preparando la cotización en el KOSDAQ no sabían de la existencia del bar de vinos, por lo que no incluyeron el bar de vinos en la lista de empresas afiliadas.

Al final, la cotización fue rechazada por la ridícula razón de no presentar la lista de empresas afiliadas, y los planes de la empresa de ganar fama y fortuna cotizando en el KOSDAQ se fueron al traste.

Los inversores, que se habían ilusionado al pasar el examen preliminar del KOSDAQ, se sintieron muy decepcionados por el inesperado rechazo de la cotización en el KOSDAQ, y se indignaron al enterarse de que la causa del rechazo era el bar de vinos que ella había construido. Se pusieron en contacto con el presidente japonés y solicitaron la sustitución del director general y la devolución de su inversión, y el presidente japonés viajó a Corea para resolver la situación.

Cuando el presidente japonés visitó Corea, los directivos de la empresa acusaron a la presidenta de malversación y apropiación indebida, y la estrecha relación del presidente japonés con la presidenta terminó.

Los inversores la acusaron de malversación, traición y otros cargos, y ella se vio envuelta en un caso penal, dejando su imperio en manos ajenas.

Las líneas de negocio y las instalaciones que la presidenta japonesa había construido en Corea pasaron a manos de otros debido a su avaricia y a la malversación personal de fondos.

6. Lobbies y mafiosos, ¿dónde acaban?

El hijo del Sr. Kang y su aprendiz, el Sr. Cho, estaban siempre a su lado, ya que era reconocido como maestro artesano en Corea. El Sr. Cho aprendió el oficio del Sr. Kang a una edad temprana y llegó a ser tan hábil como su mentor, mientras que el hijo del Sr. Kang, aunque más joven que el Sr. Cho, tomaba clases de gestión en la empresa con la intención de tomar el relevo de su padre.

Antes de morir, el Sr. Kang, un maestro artesano, pidió a su hijo que se convirtiera en el director general de la empresa y le dio el 60% de las acciones. Al hijo del Sr. Kang le dio el 40% de las acciones y le pidió que dirigiera la empresa como director.

Después de que el Sr. Kang falleciera tras una larga enfermedad, su hijo, el Sr. Kang, y su manitas, el Sr. Cho, se sumergieron en el negocio y lo convirtieron en una empresa con unos ingresos de 3.000 millones de wones (unos 2,2 millones de dólares). Sin embargo, debido a la naturaleza del negocio, que requiere negocios estatales de las autoridades coreanas, necesitaban poder de venta.

El Sr. Cho, que era mayor, tenía más experiencia y conocimientos técnicos que el Sr. Kang, que era director, tenía ventaja sobre el Sr. Kang en las actividades de venta, lo que redujo la posición del Sr. Kang en la empresa. Tras el fallecimiento del Sr. Kang, maestro artesano, la empresa se dividió entre su hijo, el Sr. Kang, y el Sr. Cho, aprendiz y director general, y el Sr. Kang no estaba a la altura del Sr. Cho en ningún aspecto.

Incluso dentro de la empresa, había muchas luchas internas entre los que seguían al Sr. Kang y los que seguían al Sr. Cho, y cada bando mantenía a raya al otro y era tacaño con los elogios por los logros del otro.

Uno de los seguidores del Sr. Cho tenía mucho talento para la informática, y una vez desarrolló un gran sistema utilizando un lenguaje desarrollado por Microsoft e hizo una demostración.

Todos los asistentes a la demostración elogiaron sus habilidades de programación y dijeron que era un sistema que beneficiaría a la empresa, pero el Sr. Kang, que era director de la empresa en ese momento, se negó a reconocer sus habilidades de programación, diciendo que Bill Gates había hecho un gran trabajo.

El Sr. Cho, Director General, consideró que el Sr. Kang no era útil para el desarrollo de la empresa, dadas sus habilidades como director y sus contribuciones a la empresa, y su participación del 40% estaba interfiriendo en las decisiones empresariales del Sr. Cho, por lo que decidió quitarle la participación al Sr. Kang y echarlo de la empresa.

Él y sus seguidores empezaron a buscar puntos débiles en Kang y se dieron cuenta de que Kang hacía otras cosas en la empresa que no estaban relacionadas con los negocios de la compañía.
Según las normas internas de la empresa, era motivo de sanción disciplinaria si alguien hacía algo ajeno a la actividad de la empresa.

La posición del Sr. Kang en la empresa se estaba debilitando, y estaba pensando en otro negocio como plan de contingencia, y estaba recopilando datos para ese negocio durante las horas de trabajo.
Para reunir pruebas, la gente del Sr. Cho instaló un programa de vigilancia en el

ordenador del Sr. Kang durante un tiempo en el que el Sr. Cho llamaba al Sr. Kang para hablar largo y tendido de los negocios de la empresa. El programa captura la pantalla cada vez que cambia la pantalla del ordenador de Kang y la envía a otro ordenador o servidor.

La instalación del programa dejó claro a la gente del Sr. Cho que el Sr. Kang estaba trabajando en otros proyectos, y guardaron las pantallas capturadas y las conservaron en una memoria USB.

Un día, el Sr. Cho llamó al Sr. Kang a la fábrica a última hora de la tarde, y cuando el Sr. Kang llegó a la fábrica, había cinco o seis matones fornidos dentro con el Sr. Cho.

El Sr. Cho entregó al Sr. Kang una memoria USB que grababa la pantalla del ordenador que el Sr. Kang había estado investigando para planificar otro negocio.

Tengo pruebas aquí de que usted ha estado haciendo cosas en la empresa que no están relacionadas con el negocio de la empresa, lo que creo que no debe hacer como director de la empresa, y el negocio que está planeando es un negocio que puede competir con esta empresa, lo que también puede ser visto como un acto de traición contra la empresa. Por lo tanto, creo que usted no está cualificado para ser director de esta empresa y debe ser sancionado.

Si me transfiere todo su 40% de participación en la empresa y dimite discretamente como director de la misma, lo consideraré una dimisión honorable como director y mantendré sus acciones en secreto. Sin embargo, si rechaza mi oferta, no sólo se verá privado de todo, sino que también tendrá que asumir diversas responsabilidades legales.

El Sr. Kang, que era vulnerable al comportamiento atípico del Sr. Cho, incluida su firme coacción y la creación de una atmósfera de miedo por parte de los robustos matones, dijo que accedería a la propuesta del Sr. Cho, y la disputa de gestión entre ambos terminó con la victoria del Sr. Cho, que adquirió el 40% de las acciones del Sr. Kang.

El Sr. Kang, moreno y frágil, ya no acudía a trabajar, y nadie en la empresa conocía su paradero.

El Sr. Cho, una vez consumada la dictadura con la que tanto había soñado, nombró a sus seguidores en puestos clave de la empresa y purgó a los seguidores del Sr. Kang de la empresa.

Creía que el cabildeo era esencial para que la empresa aumentara las ventas, y para ello necesitaba fondos no estatales.

Los fondos procedentes de las ventas normales de la empresa estaban respaldados por documentos legales, y era difícil generar los fondos no recurrentes necesarios para el cabildeo.
Sin embargo, los servicios posventa, como el mantenimiento, la instalación y el servicio postventa, solían gestionarse sin documentación, y los técnicos solían cobrar en efectivo, por lo que a menudo se desconocían los detalles exactos de las transacciones. El Sr. Cho decidió utilizar los fondos generados por estas transacciones como fondo de reserva.

Cuando los técnicos visitaban a los proveedores para la instalación, el mantenimiento y el servicio posventa, recibían instrucciones de recoger dinero en efectivo y guardarlo en una caja de seguridad, que luego se utilizaba para presionar en favor de proyectos encargados por organismos gubernamentales.

Gracias a estos fondos de lobby, los ingresos de la empresa aumentaron con respecto al año anterior, y la empresa parecía crecer de forma constante. Sin embargo, el trato a los técnicos era deficiente, y el comportamiento dictatorial y las instrucciones prepotentes del Sr. Cho eran cada vez peores. Daba por descontado su trabajo y su esfuerzo, y era tacaño a la hora de recompensarles por lo que valían.

Desconfiaba de sus empleados, y si tenía un empleado sospechoso, solía resolver sus sospechas pidiendo a un empleado cercano que hablara con el empleado fuera, y luego revisaba el ordenador del empleado para investigar.
Aumentó el descontento de los empleados con el comportamiento del Sr. Cho, que a menudo salía de copas con ellos.

Además, hubo más casos de empleados que llegaban tarde al trabajo o se ausentaban sin autorización porque estaban borrachos. Con la escasez de técnicos, las ausencias o retrasos de un técnico suponen mucha presión para los demás técnicos, y el Sr. Cho, que no pudo evitar darse cuenta, despidió al Sr. Choi por llegar borracho y tarde al trabajo.

El Sr. Choi, el técnico que llegó tarde al trabajo ese día, intentó suplicarle que era demasiado, pero el Sr. Choi, el director general, no cambió de opinión.

El despido de su trabajo, que había considerado una carrera para toda la vida, dejó al Sr. Choi con un profundo sentimiento de dolor y resentimiento, y en una fiesta de copas con otros técnicos, confesó su resentimiento hacia el director general y juró vengarse del Sr. Choi.

Tras escuchar sus pensamientos vengativos, otro técnico se fue a casa y le dijo a su mujer, encargada de la contabilidad, cómo vengarse del Sr. Choi recopilando datos sobre las cuentas de orden de la empresa y pidiendo a la Agencia Tributaria que investigara.

El técnico, que pensó que era un plan de venganza razonable, le dijo al Sr. Choi, que también estaba decidido a vengarse, cómo hacerlo, y el Sr. Choi se apresuró a ir a la oficina de Hacienda para recoger la cantidad de dinero en efectivo que había recibido de viajes de negocios fuera de la empresa y que había transferido al fondo extraterritorial, así como los documentos y las pruebas justificativas.

El Sr. Choi se reunió con un representante a través de la oficina de reclamaciones de la Agencia Tributaria local, pero estaba nervioso y le temblaban las manos, lo que indicaba que sentía la presión de denunciar.

Funcionario de Hacienda: ¿A qué ha venido?

Sr. Choi: Quiero solicitar una investigación fiscal.

Funcionario de Hacienda: ¿Podría decirnos el nombre de su empresa y el motivo de su solicitud?

Sr. Choi: (temblando) El nombre de la empresa es XXXX, y el motivo es evasión de impuestos.

Funcionario de Hacienda: ¿Qué tipo de evasión fiscal es?

Sr. Choi: (temblando mucho) Si alguna vez se investiga a esta empresa, ¿sabrán quiénes son los demás denunciantes como yo?

Funcionario de Hacienda: No, tenga la seguridad de que nos aseguraremos de que la empresa nunca conozca su identidad ni sus datos personales.

Sr. Choi: De acuerdo, gracias entonces. Sr. Choi: Me pagaron en efectivo las ventas de mi cliente sin documentación alguna, y lo traje a la empresa. (Extiende una pila de papeles) Y estas son las pruebas que lo demuestran.

Hacienda: Sí. Si la investigación fiscal basada en estos documentos resulta ser cierta, se cobrará el importe de la evasión fiscal y usted recibirá una recompensa de aproximadamente el 2% del importe de la evasión fiscal.

Es habitual que una investigación fiscal envíe un documento a la empresa que va a ser investigada con antelación, informándole del calendario de la investigación fiscal y del número de personas implicadas, pero en los casos en que hay sospechas de ilegalidad, es inesperada y sin previo aviso.

Además, cuando la Agencia Tributaria recibe una solicitud de investigación, comprueba el historial de transacciones de las cuentas bancarias del propietario y sus familiares, hasta el primo octavo, e investiga por adelantado las transacciones de las que se sospecha que faltan ventas y evaden impuestos, y visita la empresa sospechosa de evasión fiscal con los datos que calculan el importe estimado de la evasión fiscal.

Dos hombres trajeados llegan a la oficina administrativa de la empresa en una de sus fábricas. Uno se dirige al Sr. Cho, el director general, que está más alejado de la puerta, mientras que el otro se queda de pie cerca de la puerta.
El hombre que se dirige a Cho saca un documento, empuja a Cho y le dice.
Usted es el jefe, ¿verdad? Voy a llevar a cabo una investigación fiscal al azar a partir de ahora. ¿Quién es el director financiero y el personal encargado de la contabilidad y la contabilidad?

El hombre que estaba cerca de la puerta de entrada se dirigió al ordenador de la empleada encargada de la contabilidad y la teneduría de libros y empezó a copiar los materiales en el ordenador.

Acercándose al Sr. Cho, el director financiero, el hombre le dio al Sr. Cho una copia de las transacciones de la cuenta bancaria que había investigado anteriormente contra los familiares del Sr. Cho y le dijo que sospechaba de ventas desaparecidas y evasión de impuestos.

Basándonos en nuestra revisión preliminar, sospechamos una evasión fiscal de unos 1.200 millones de wons (unos 900.000 dólares), y ésta es la prueba. Por favor, compruébenlo y envíen los documentos justificativos a nuestra oficina fiscal.

Temerosos de que les registraran y se llevaran los libros, el resto de los empleados tiraron por la ventana documentos que podían considerarse libros sin que el personal de la oficina de Hacienda se enterara. Aunque afirmaban actuar en interés de la empresa, los funcionarios de Hacienda no se llevaron los documentos y parecían convencidos de los cargos de evasión fiscal.

Correspondió a los contables públicos certificados y al personal administrativo experto en informática de la empresa de contabilidad extraer datos que pudieran relacionarse con la compra y demostrar que la empresa no estaba sujeta a evasión fiscal ni faltaban ventas. Como resultado de sus esfuerzos, el importe del impuesto recaudado se redujo a unos 1.000 millones de wones (unos 750.000 dólares), que se pagaron a plazos en dos o tres años, teniendo en cuenta la situación financiera de la empresa.

Cuando la empresa recibió de repente una factura de 1.000 millones de won en impuestos, la mayoría de los empleados pensaron que el destino de la empresa estaba sellado.

Al cabo de más de un año, la empresa se declaró en quiebra y Cho dimitió como Consejero Delegado.
Pero Cho creía que la investigación fiscal había destruido su negocio y sospechaba de Choi, que había sido despedido de la empresa casi al mismo tiempo que un cliente por la investigación fiscal.

Gracias a sus contactos en el sector, Cho pudo incluirlo en una lista negra e impedir que consiguiera un empleo en el sector, por lo que Cho se vio obligado a cambiar de sector.

7. Sr. Presidente, hay que distinguir entre negocio público y privado, ¿no?

El Sr. Han había pasado su vida como técnico, manejando maquinaria en fábricas grasientas, desde que era un niño. Era conocido por su carácter afable y alcohólico, y tenía muchos amigos íntimos. Un día, decidió dejar su trabajo y montar su propia empresa manufacturera, y contrató como empleados a algunos de los juniors con los que solía trabajar. La relación con ellos siempre fue buena, porque Han era conocido por su amabilidad.

Sin embargo, cuando sus empleados necesitaban dinero, solían pedirle un adelanto en vez de esperar a cobrar. Le pedían sumas de dinero como un millón de wones (unos 750 dólares) o 500.000 wones (unos 370 dólares) para pagar las facturas del hospital de sus padres o los gastos escolares de su familia. Aunque el Sr. Han era el presidente de la empresa, enfatizaban su relación personal utilizando el título de hermano mayor.

Kim, que también le llamaba hermano mayor, le pidió 5.000.000 won (unos 3.700 dólares) más para pagar las facturas médicas de su madre. La empresa era pequeña y no tenía las prestaciones habituales, como un sistema de asistencia social, pero no había ninguna norma que dijera que no tenía que devolver el dinero.

Sr. Kim: Hermano, quiero hablarte de la factura del hospital de mi madre.
Sr. Han: ¿Qué pasa? ¿Cómo está la salud de tu madre?
Sr. Kim: Hermano, hay una situación en la que mi madre necesita ser hospitalizada, y nuestra familia es actualmente incapaz de cubrir los gastos, por lo que me gustaría solicitar un subsidio.
Sr. Han: Es una pena. ¿Cuánto costará el tratamiento de su madre?

Sr. Kim: Se espera que sean unos 5 millones de won (aproximadamente 3.700 dólares). Mi familia cree que es mejor que mi madre se recupere pronto, y sería de gran ayuda si usted pudiera financiarlo.
Sr. Han: (Llama al Sr. Lee, el contable) Retira 5.000.000 won del banco y dale 5.000.000 won a la Sra. Kim aquí presente.
Sr. Lee: Sr. Presidente, necesitamos revisar los procedimientos y detalles y tener una discusión interna.
Sr. Han: El director general me aprueba y me da instrucciones, así que no necesito procedimientos ni detalles. Basta con retirar el dinero del banco y dárselo a la Sra. Kim.

Deseoso de mantener una buena relación con sus antiguos conocidos, el Sr. Han no pudo negarse a sus exigencias y les pagó siempre a pesar de su insistencia. Sin embargo, el problema es que ese dinero no es suyo, sino de la empresa.

Al cabo de un año de este comportamiento, la empresa no tenía ni idea de cuánto dinero debía a los empleados porque carecía de personal suficiente y el traspaso no solía hacerse correctamente.

A medida que la empresa crecía, el recién nombrado director financiero comparó el valor contable real con el declarado a Hacienda y descubrió una diferencia de unos 200 millones de wones, que comunicó al director general, Han.

Sin embargo, el Sr. Han dijo que no estaba claro quién debía recibir el importe del pago que se había ido acumulando durante mucho tiempo, y cómo podía recibirlo ahora, por lo que dijo que se aseguraría de que esto no ocurriera en el futuro y que reduciría la diferencia entre los libros reales y los libros.

El nuevo director financiero, que utilizó técnicas tradicionales de contabilidad por segmentos para conciliar la discrepancia de 200 millones de wones (unos 150.000 dólares), consiguió cerrar la brecha tras más de un año de trabajo mediante cambios en los activos de inventario, los gastos de mano de obra de los empleados que no trabajaban y la recepción de ingresos en efectivo admisibles a efectos fiscales.

Sin embargo, las quejas y demandas de pago de los empleados continuaron, y la diferencia con los libros reales creció hasta unos 100 millones de wones (aproximadamente 75.000 dólares). Además, la capacidad laboral de los empleados contratados a petición de conocidos externos era un problema.

En un caso, se contrató a una empleada para el departamento de gestión, que decía ser hija de un conocido, pero resultó ser monja de una secta budista. El problema era que había pasado más de una década viviendo en las montañas, aislada de la sociedad, y era incapaz de utilizar un ordenador o manejar máquinas básicas, como un cajero automático.

Cuando iba al banco a sacar dinero, volvía con las manos vacías porque no sabía manejar el cajero automático, y su ordenador se bloqueaba tras arrancar porque manejaba mal el teclado. Debido a la escasez de mano de obra de la empresa, no fue posible impartir una formación adecuada, por lo que fueron despedidos de la empresa tras tres meses de formación en adaptación social.

En un caso, se trajo a dos trabajadores vietnamitas utilizando el sistema de apoyo a la mano de obra del sudeste asiático de la misma industria para suplir la escasez de mano de obra, pero un técnico coreano cercano al Sr. Han, el director general, los agredió.

Cuando los trabajadores vietnamitas llegaron a Corea desde Vietnam, no comían bien porque la comida que les proporcionaba la empresa coreana no se ajustaba a sus gustos, así que un técnico coreano los llevó al patio trasero de la fábrica y les dio una paliza. Cuando la gente le preguntó el motivo de la agresión, el técnico coreano dijo que los trabajadores vietnamitas no habían comido a propósito. Afirmó que estaban demasiado débiles para trabajar porque no habían comido y supuso que no lo harían.

Justificó su agresión diciendo que había trabajado con trabajadores del sudeste asiático en el pasado y que hacían mucho trabajo de esta manera, afirmando que la idea era cobrar un sueldo sin hacer ningún trabajo.

En respuesta a este incidente, el Sr. Han, director general, no tomó ninguna medida, como disciplina interna o denuncia, alegando que podía haber diversos conflictos entre los empleados mientras trabajaban en la fábrica y que el técnico coreano que le agredió lo hacía por el bien de la empresa y debía ser enterrado. Sin embargo, los dos trabajadores vietnamitas agredidos se sintieron decepcionados por la tibia respuesta de la empresa y desaparecieron esa misma noche.

El Sr. Han, que tenía fama de buena persona en el polígono industrial, empezó a aumentar las ventas de la empresa mediante actividades de venta activas y adquirió una pequeña empresa con 9-10 empleados para asegurarse capacidad de producción adicional.

Tras la adquisición, la empresa celebró una cena para dar la bienvenida a los nuevos empleados y armonizar con los empleados existentes. Después del trabajo, unas 20 personas, incluidos unos 10 empleados existentes y 10 empleados de la empresa recién adquirida, estaban asando carne y bebiendo soju en un restaurante cercano a la fábrica.

Uno de los empleados existentes y otro de los empleados de la empresa recién adquirida se enzarzaron en una discusión, pero nadie fue capaz de detenerlos, y el ambiente se volvió inesperadamente tenso.

De repente, el nuevo empleado se enfureció y le dio un puñetazo, lo que hizo que el cuerpo del antiguo empleado se inclinara hacia un lado y cayera sobre la parrilla donde se estaba asando la carne. El fuego se extendió a la espalda del empleado caído, y la gente se apresuró a ayudarle a ponerse en pie, pero su espalda ya estaba chamuscada.

Tras la falta de provocación de un nuevo empleado, uno de los actuales se vengó y apuñaló al agresor con unas tijeras que había colocado para cortar carne, dejando dos heridos.

En medio del caos, los empleados sobrios se pusieron en contacto con un hospital cercano y llamaron a una ambulancia, y el director general y el director financiero tuvieron que acudir corriendo al hospital de madrugada para investigar el incidente.

Las víctimas exigieron enérgicamente que el otro empleado fuera sancionado y procesado penalmente, y que la indemnización corriera a cargo del programa de compensación a los trabajadores asegurado por el estado.

Sin embargo, el director general, que priorizaba la cercanía y el vínculo con los empleados existentes antes que ocuparse de las circunstancias y causas del incidente, resolvió el caso aceptando las demandas de los empleados existentes antes que las de los empleados recién incorporados.

En respuesta, la mayoría de los empleados de la nueva empresa se marcharon y, aunque la empresa adquirió otra más pequeña del mismo sector, no pudo retener a los tecnólogos clave.

Decepcionado por la prioridad que el Sr. Han daba a sus antiguos empleados, el director financiero abandonó la empresa.

Con el éxodo acelerado de personas necesarias para el crecimiento y desarrollo de la empresa, ésta se quedó sólo con unos pocos empleados cercanos al Sr. Han. Muchas de las nuevas contrataciones no duraron mucho debido a conflictos con estos empleados existentes, y la empresa se hizo conocida por tener una de las tasas de rotación más altas del parque industrial cercano.

Debido a la escasez crónica de técnicos, la empresa no solía cumplir los plazos de entrega en comparación con las ventas activas, y la falta de control del Sr. Han sobre sus empleados provocó una grave salida de fondos, y la empresa dejó de crecer y empezó a decaer.

Como subcontratista de grandes empresas, la empresa conseguía mucho trabajo, pero a menudo era incapaz de cumplir los plazos debido a la escasez de técnicos y fue incluida en la lista negra del sector, y a medida que las ventas disminuían gradualmente, muchos de los empleados existentes que estaban cerca del Sr. Han empezaron a marcharse.
Sin nuevos empleados para dirigir la empresa en el futuro y con una situación financiera en deterioro, el Sr. Han se declaró en quiebra y dimitió como Consejero Delegado.

Aunque el Sr. Han no malversó fondos personalmente y trabajó duro como Consejero Delegado, sus empleados subalternos, a los que apreciaba, se aprovecharon de él y, cuando la situación de la empresa empeoró, optaron por irse a otras empresas para ganarse la vida.

A pesar de la buena voluntad del Sr. Han, sus empleados subalternos, que le culpaban de la quiebra de la empresa, nunca volvieron con él.

8 Inversión fallida en una entidad extranjera

En Corea, hay un dicho que dice que si tu primo compra tierras, te duele el estómago.

Cuando alguien a quien ves como competidor tiene éxito, sientes que tienes que tener el mismo éxito, y esto puede llevar a una inversión excesiva. También puede llevar a tomar decisiones emocionales.

Cuando el Sr. Chun, un empresario hecho a sí mismo, vio que el Sr. Hong, a quien consideraba un competidor en términos de tamaño de negocio, había construido un gran edificio en Vietnam y aparecía en los medios de comunicación, se volvió ambicioso para lograr el mismo éxito a través de su negocio en Vietnam.

Hubo un tiempo en que Corea del Sur invirtió mucho en Vietnam con la ilusión del éxito. Cuando los resultados prácticos de invertir en China no dieron los resultados que las empresas coreanas esperaban, debido a las restricciones a la repatriación de beneficios, las normativas más estrictas sobre los trabajadores, los mayores costes laborales y el endurecimiento de las restricciones del gobierno chino a las empresas extranjeras, Vietnam se convirtió en una alternativa popular.

En concreto, Vietnam es un país confuciano con un trasfondo cultural similar al de Corea, y el alto crecimiento de Vietnam se consideraba similar al alto crecimiento de Corea en los años 70 y 80. Habiendo experimentado el proceso de crecimiento en Corea en los años 70 y 80, pensaron que si podían aplicar su experiencia pasada en Corea a Vietnam, podrían lograr un gran éxito.

Si la experiencia coreana se reproducía en Vietnam, pensaban que quienes vivieron aquel periodo sabrían cómo reducir el riesgo invirtiendo en el futuro de Vietnam.

Sin embargo, también existía la incertidumbre de cuándo se restringiría o regularía la repatriación y distribución de los beneficios obtenidos por entidades extranjeras, como las restricciones impuestas por el gobierno malasio a las remesas de dinero a extranjeros por negligencia durante la crisis cambiaria de 1997 que afectó al sudeste asiático, incluidos Tailandia, Indonesia, Malasia y Filipinas.

En Vietnam, el riesgo político era aún mayor, ya que el país sigue siendo una economía dirigida por el Estado, con el Partido Comunista todavía en el poder.

Inspirado por el éxito del Sr. Hong en Vietnam, el Sr. Chun empezó inmediatamente a buscar oportunidades de inversión en el país y le presentaron una empresa de capital coreano. Sin embargo, las cada vez más estrictas restricciones de Vietnam a la inversión extranjera obligaron a Cheon a tomar una vía indirecta, creando una empresa papelera y utilizando una entidad de Singapur para eludir las restricciones.

Sin experiencia previa en inversiones en el extranjero, Chun creó una empresa papelera en Singapur con una consultora que se encargó de la constitución en Singapur, y firmó un contrato para adquirir la empresa vietnamita a través de ella.
Sin embargo, la revisión del cambio de accionista mayoritario y las licencias en Vietnam no se aprobaron durante más de un año y, mientras tanto, se siguió incurriendo en los gastos fijos de la entidad de Singapur.

Al cabo de año y medio, finalizó el proceso administrativo en Vietnam, y el Sr.

Chun, que no podía permitirse enviar personal a las operaciones vietnamitas, quedó a cargo de la empresa por el surcoreano que se la había vendido.

Aunque el coste laboral de los trabajadores vietnamitas era considerablemente más bajo que en Corea, ese menor coste laboral no podía aplicarse a los coreanos que trabajaban en Vietnam, y el director general coreano tuvo que pagar casi la mitad del coste laboral de la empresa vietnamita. Además, la empresa tenía que pagar la vivienda del CEO y otros gastos.

Sin embargo, no había alternativa, ya que era mucho más barato que enviar a otro coreano a Vietnam o nombrar director general a un empresario coreano en Vietnam.

El empresario coreano había vendido la empresa cuando dejó de ser rentable y fue incapaz de crear una visión de futuro, por lo que la vendió para recuperar su inversión y dedicarse a otro negocio, pero desde el punto de vista de Chun, la empresa era una ganga teniendo en cuenta los gastos en los que tuvo que incurrir para entrar en Vietnam, como licencias e incorporación. Además, tenía planes ambiciosos de expandirse a otros sectores, como el inmobiliario.

El CEO local, que llevaba muchos años operando en Vietnam, no se equivocaba, y la empresa siguió operando en números rojos incluso después de que se aprobara la licencia.

Los gastos fijos de la empresa no variaron, y la sede central en Corea del Sur, que no podía enviar a Vietnam a una persona de confianza, tuvo que recurrir a las telecomunicaciones para conocer la situación sobre el terreno.

A diferencia de lo que ocurre en Corea del Sur, donde las empresas están acostumbradas a procesar los gastos de la empresa con tarjetas, Vietnam sigue acostumbrado a pagar los gastos en efectivo. Esto provocó una falta de transparencia en los gastos de la empresa, e incluso casos de personas que huyeron con el dinero en efectivo de la empresa.

El representante local coreano, sabiendo que la sede coreana no tenía otra opción, hizo varias peticiones al Sr. Chun, como el desembolso de fondos, préstamos y el registro como empleado de la sede coreana, y el Sr. Chun rechazó tajantemente las peticiones del representante local vietnamita.

También se descubrió que la persona encargada de los gastos de la empresa había estado cobrando tarifas de aparcamiento a los visitantes y pagándoselas a su jefe, aunque supuestamente la empresa no las cobraba.

Sin embargo, la sede coreana de la empresa, que desconocía la situación local, tuvo dificultades para recabar información en tiempo real sobre Vietnam hasta que fue demasiado tarde y despidió al empleado responsable del incidente.

Los desfalcos de estos empleados siguieron produciéndose, pero la sede coreana fue incapaz de poner controles porque era difícil asignar a otros coreanos a la región y no podía permitirse implantar y poner en marcha un sistema de control interno.

La empresa intentó mejorar las ventas mediante diversas actividades de marketing, pero las ventas no aumentaron y los gastos no disminuyeron.
Mientras el déficit de la empresa seguía acumulándose, la pandemia de coronavirus azotó Vietnam, obligando a la empresa a cerrar sus operaciones.

Los gobiernos locales de Vietnam, que no tenían fondos suficientes para comprar vacunas, visitaron a las empresas extranjeras y las obligaron a hacer donaciones voluntarias, y algunas empresas cooperaron con las donaciones voluntarias por miedo a las represalias de los gobiernos locales si se negaban a pagar.

En esta situación, el Sr. Chun, que se enfrentaba a exigencias poco razonables del director general coreano, envió a Vietnam al Sr. Yang, que era el jefe del equipo de negocios en el extranjero de una empresa relacionada adquirida por la sede coreana, y le pidió que actuara como director general de la filial local en Vietnam.

Sin embargo, al no conocer Vietnam ni tener experiencia empresarial, nadie esperaba que el Sr. Yang fuera capaz de desempeñar su función de CEO.

Tras asumir el cargo, Chun visitó la empresa vietnamita para conocer su funcionamiento. El Sr. Yang, que le acompañaba en el viaje, le llevó en coche por Vietnam para mostrarle la zona.

Mientras conducía el vehículo, el Sr. Chun tenía sed debido al calor que hacía en Vietnam, así que miró a los vendedores de zumo de palma que había fuera del vehículo y dijo varias veces que quería beber zumo de palma.
Yang detuvo el vehículo, pagó unos 2 dólares de su bolsillo, compró un zumo de palma y se lo llevó a Chun. Cuando se lo dio, el Sr. Chun se enfadó mucho y dijo.

Llevas tu negocio vietnamita con tan poco cuidado que no puedes salir de los números rojos. Antes miré por la ventanilla y vi un montón de zumos de un dólar, pero ahora estás comprando zumos de dos dólares, para que veas cuánto dinero estás malgastando".

Con eso, Chun sermoneó a Yang durante unos 10 minutos en el arcén de la carretera de Vietnam, donde el coche estaba parado.
De vuelta a la oficina, la regañó por un documento de una página que encontró dentro de la oficina.

"Mira el contenido de este documento. Trata de las normas de la empresa, y hay muchas faltas de ortografía y erratas. Con sólo mirarlo, me doy cuenta de tu escasa capacidad de trabajo y de tus conocimientos".

El Sr. Yang protestó diciendo que había pedido a un intérprete vietnamita-coreano que tradujera al coreano las normas internas escritas en vietnamita después de convertirse en director general de la filial vietnamita, y que dejó las erratas y faltas de ortografía porque era el único coreano de la empresa y sólo él necesitaba entenderlas, pero el Sr. Chun lo rechazó como excusa.

A medida que se alargaba el cierre, que se preveía duraría sólo unos meses, en la sede coreana empezaron a sugerir que la empresa se retirara de Vietnam. Con las pérdidas acumuladas y sin esperanzas de mejora en el futuro, parecía cada vez más probable que el negocio en Vietnam estuviera condenado al fracaso.

A medida que el déficit se acumulaba con los gastos adicionales, la sede coreana dejaba de pagar el alquiler trimestral y se acumulaban las cartas de demanda del arrendador.

Como no quería admitir que su inversión había fracasado, el Sr. Chun buscó una salida pensando en su negocio en Vietnam y reuniéndose con sus contactos. Tentado por un conocido que le habló de un plan de urbanización de terrenos en una zona cercana, decidió participar en el proyecto, que costaría más de un millón de dólares, y encargó a su personal que preparara una oferta para el proyecto.

En Vietnam, la tierra suele ser propiedad del Estado, y es posible urbanizarla en régimen de arrendamiento a largo plazo. Por ejemplo, si el terreno estuviera arrendado, la empresa construiría un edificio en el terreno baldío, obtendría un contrato de arrendamiento a largo plazo por 40 años y luego lo volvería a arrendar al inquilino.

Los profesionales que insistieron en cerrar el negocio en Vietnam siguieron presionando al Sr. Chun para que reconsiderara si era prudente invertir un millón de dólares más o más en el proyecto de desarrollo de Vietnam después de las pérdidas sufridas hasta la fecha, y finalmente llevaron al Sr. Chun a abandonar el proyecto de desarrollo.

El alquiler del local de Vietnam seguía en mora, y se desconocía qué medidas tomaría el arrendador si continuaba la morosidad, ya que el arrendador estaba afiliado a una organización con estrechos vínculos con el ejército vietnamita.

Los empleados vietnamitas del local advirtieron de que podían ser amenazados y agredidos por bandas vietnamitas, y el depósito de seguridad que habían pagado al casero estaba a punto de desaparecer tras la deducción del alquiler atrasado.

Cuando el Sr. Yang informó de la situación al Sr. Chun, éste sólo le dijo que arreglara las cosas amistosamente con el propietario.

En esta situación desesperada, el Sr. Chun dio repentinas instrucciones al Sr. Yang para que enviara una carta al casero, pidiéndole que le comunicara la cantidad que pensaba pagar por los derechos de arrendamiento a largo plazo del terreno arrendado por la entidad local vietnamita.

El casero no entendía por qué una empresa morosa en el pago del alquiler quería comprar los derechos de arrendamiento a largo plazo de un terreno que le costaría más dinero, y pensó que era un truco sucio para retrasar las acciones que podía emprender contra el inquilino, como cortes de luz y agua.

El arrendador envió un ultimátum al Sr. Yang, que se encargaba de dirigir el negocio vietnamita arriesgando su vida, exigiéndole que se mudara en un plazo fijado por el arrendador, que incluía cortes de luz y agua.

Cuando el Sr. Yang informó al Sr. Chun, éste le dijo que no podía quedarse de brazos cruzados y dejar que el arrendador utilizara el edificio que había construido la filial vietnamita, y le encargó que averiguara cuánto costaría demoler el edificio de oficinas.

El Sr. Yang no entendía por qué la empresa debía hacer el gasto extra de demoler el edificio cuando el déficit acumulado era tan grande y sería más barato simplemente mudarse, pero no tuvo más remedio que seguir las instrucciones del Sr. Chun.

El Sr. Yang encontró un contratista de demoliciones a través de sus contactos vietnamitas, y el contratista se ofreció a demoler el edificio casi sin coste con la condición de que se llevarían la chatarra, los materiales de desecho, etc. después de la demolición.

El Sr. Yang firmó un contrato con la empresa y comenzó los trabajos de demolición el día previsto. Sin embargo, cuando la demolición estaba a punto de comenzar, un grupo de personas irrumpió en la empresa y se produjo un enfrentamiento físico entre ellos y el equipo de demolición, lo que provocó que la demolición se detuviera.

El propietario, que quería conservar el edificio tal como estaba, había enviado a gente para impedir los trabajos de demolición, y el contratista de la demolición presionó al Sr. Yang para que reclamara daños y perjuicios por no haber cumplido el contrato.

Los vietnamitas aconsejaron al Sr. Yang que huyera a Corea del Sur lo antes posible, porque tanto el propietario como el contratista le amenazaban.

Temiendo por su vida, Yang huyó de Vietnam esa noche y regresó a Corea.

Afortunadamente, parte del efectivo de la cuenta bancaria de la empresa vietnamita se transfirió a una empresa papelera de Singapur, y los trabajadores vietnamitas fueron informados de la quiebra de la empresa con antelación, por lo que no hubo más víctimas, pero quedó poco por recuperar en el proceso de liquidación.

9. Encima del jefe, la mujer del jefe es la presidenta

Bang, que se dedica a adquirir empresas en dificultades en Corea del Sur, reestructurarlas y luego venderlas o sacarlas a bolsa para recuperar su inversión, se topó con un artículo en los medios de comunicación sobre la venta de una empresa valorada en 1 billón de wones (752 millones de dólares).

Consultó a otras empresas del sector para ver si sus principales accionistas estaban dispuestos a vender, y descubrió que una de las cuatro o cinco principales empresas sí lo estaba.

La empresa que valía 1 billón de wones era la líder, y la que ocupaba el puesto 4-5 estaba disponible para su adquisición por unos 10.000 millones de wones (7,5 millones de dólares).

Aunque la empresa líder y la que estaba en venta no eran comparables en términos de ingresos y otros indicadores económicos, Bang decidió que el valor de la empresa era muy barato, así que reunió a inversores y empezó a adquirirla.

Tras convencer a los inversores y dirigir el proceso de adquisición, el Sr. Bang consiguió llegar a un acuerdo amistoso con el accionista mayoritario de la empresa, que quería venderla cuanto antes, y firmó un acuerdo de management buyout.

Sin embargo, sin experiencia ni conocimientos del sector, Bang nombró consejero delegado a Kim, un conocido que había sido director general de una empresa similar, y contrató como vicepresidente a Lee, contable y ejecutivo de instituciones financieras.

El Sr. Kim, que fue nombrado Consejero Delegado, era por fuera de modales suaves y educado, pero era autoritario y le gustaba que le trataran como tal. Supuso que el Sr. Lee, el vicepresidente más joven, había sido enviado por el Sr. Bang para vigilarle, por lo que supuso que estaba a cargo del área monetaria o de gestión.

Por otro lado, el vicepresidente, el Sr. Lee, estaba muy decepcionado porque el director general, el Sr. Kim, se limitaba a firmar documentos de aprobación en su habitación y no hacía ningún esfuerzo externo, así que le pidió al Sr. Kim que saliera a la planta de ventas, pero la antipatía del Sr. Kim hacia el Sr. Lee no hizo más que agravar el conflicto.

Casi un año después de la adquisición, los resultados de la empresa iban cuesta abajo, el ambicioso plan de relaciones públicas del vicepresidente estaba siendo criticado como un despilfarro de dinero y la marcha de personal clave de ventas y gestión estaba creando un grave vacío de personal.

Se contrataron autónomos para apagar los incendios a corto plazo, pero la constante rotación de personal hacía que los traspasos no fueran fluidos y los conflictos entre antiguos y nuevos empleados fueran frecuentes.

Bang llamaba de vez en cuando a Kim, el Consejero Delegado, y a Lee, el Vicepresidente, para informarse de la situación de la empresa, pero tanto Kim como Lee se apresuraban a culpar al otro del deterioro de los resultados. Incapaz de confiar en sus informes, el Sr. Bang decidió que la persona en la que más podía confiar era su mujer, así que nombró a su esposa, la Sra. Jin, auditora de la empresa para verificar que sus informes eran ciertos.

La esposa de Bang, Jin, era una ama de casa que sólo había trabajado un año después de graduarse en la universidad. Al principio, la Sra. Jin era humilde y empezó a familiarizarse con la situación de la empresa haciendo preguntas a los empleados. Sin embargo, debido a su falta de conocimientos y experiencia, era incapaz de entender las intenciones subjetivas de las personas que le daban información y las aceptaba, lo que provocaba malentendidos y desconfianza innecesarios.

Cuando Jin se incorporó por primera vez a la empresa, dijo que volvería con su familia tras un breve periodo de trabajo debido a la incomodidad de los desplazamientos, pero como en casa no la trataban bien y como ejecutiva de la empresa la trataban con autoridad y respeto, empezó a disfrutarlo y poco a poco se volvió autoritaria.

Tanto el Sr. Kim, director general, como el Sr. Lee, vicepresidente, consideraban que la Sra. Jin, esposa del accionista mayoritario, era muy pesada, sobre todo por su incapacidad para razonar con ellos, su actitud de gran presión y su forma de levantar la voz y reñirles.

La Sra. Jin insistía a su marido, el Sr. Bang, en que el Sr. Kim, Director General, y el Sr. Lee, Vicepresidente, estaban gestionando mal la empresa y que debían ser despedidos. Como la pareja pasaba mucho tiempo junta fuera de las horas de trabajo, los argumentos de Bang le lavaban cada vez más el cerebro.

Al final, el Sr. Bang exigió la dimisión voluntaria del Sr. Kim, Director General, y del Sr. Lee, Vicepresidente, y ellos accedieron a sus peticiones. El Sr. Bang envió a alguien de la sede central para que le ayudara con las tareas administrativas y lo nombró Consejero Delegado, pero la Sra. Jin era la verdadera Consejera Delegada, y el nuevo Consejero Delegado sólo lo era de nombre y no tenía ninguna autoridad.

Insistía en que los empleados le pidieran permiso para gastar más de un dólar en cualquier gasto de la empresa, y exigía que todos los borradores de documentos para su aprobación le fueran presentados a ella. La ineficacia era tal que se acumulaban cientos de documentos al día para su aprobación, y los empleados de la cola de aprobación no podían concentrarse en su trabajo porque estaban firmándolos.

Además, aunque el director general aprobara algo, a menudo quedaba invalidado porque la Sra. Jin, la auditora, era quien tomaba la decisión final, y los empleados pensaban que ella era la directora general.

Muchas de sus instrucciones eran escandalosas, y a menudo provocaban que jefes de equipo experimentados que llevaban mucho tiempo en el puesto la miraran con cara de desdén y desprecio. La Sra. Jin estaba acomplejada por su inexperiencia y sus debilidades, y sentía que esos empleados la miraban por encima del hombro y la despreciaban, así que quería vengarse.

Un mes más tarde, Jin llamó al jefe de RRHH y le tiró los papeles, y éste presentó inmediatamente su dimisión. El trabajo de RRHH pasó a manos del jefe de finanzas, que no estaba familiarizado con el trabajo de RRHH y, aunque cometía algún que otro error, no era para tanto.

Sin embargo, cuanto más se implicaba el jefe de finanzas en el trabajo de RRHH, más afirmaba que el jefe de finanzas era una figura política con ambiciones de convertirse en director general o ejecutivo, y que el jefe de finanzas sólo debía hacer su trabajo como jefe de finanzas. Este tipo de gestión creaba un vacío en muchas funciones de la empresa.

La Sra. Jin exigía al director general que despidiera a los empleados que no le gustaban o con los que tenía conflictos, a los empleados que no estaban contentos con ella, etc.

La Sra. Jin, que no tenía experiencia en ventas o gestión, ignoró las peticiones de aumento de sueldo de los empleados en el proceso de negociación salarial, insistiendo en la congelación o pequeños aumentos, y enmarcando los resultados como sus logros en la reducción de costes.

Sin embargo, los bajos niveles salariales en comparación con otras empresas del sector provocaron una elevada tasa de rotación, y la empresa experimentó una grave pérdida de productividad debido a la marcha de empleados veteranos y a una proporción desproporcionadamente alta de empleados principiantes.

Esta falta de productividad provocó frecuentes accidentes laborales, y cada vez que se producía un accidente, el director general nominal tenía que disculparse ante los clientes y ser reprendido por ellos, en lugar de la Sra. Jin, que era la verdadera directora general.

La incompetencia e irresponsabilidad de la Sra. Jin durante la investigación de los accidentes provocó la dimisión de la CEO, y finalmente el Sr. Bang, marido y propietario efectivo de la Sra. Jin, se convirtió en CEO de la empresa.
El Sr. Bang también era responsable de la gestión tanto de la sede central como de la empresa, lo que significaba que tenía que ir y venir entre las dos empresas e inyectar fondos adicionales en la empresa para cubrir el deterioro de las ventas de la empresa y el déficit acumulado.

Aunque el Sr. Bang se convirtió en el director general, en las reuniones formales, la Sra. Jin, la auditora, a menudo ignoraba las opiniones del Sr. Bang, y la incapacidad del Sr. Bang para hacer valer sus opiniones con fuerza en la voz de la Sra. Jin llevó a los empleados a referirse a la Sra. Jin como la presidenta en lugar de la auditora.

Incluso en reuniones públicas, la Sra. Jin desestimaba las opiniones del Sr. Bang diciéndole que no conocía la situación interna de la empresa y que ella tenía razón porque llevaba mucho tiempo en la empresa.

Circularon rumores dentro de la empresa de que la Sra. Jin había exigido el divorcio del Sr. Fang, y que el Sr. Fang estaba tan horrorizado ante la perspectiva de tener que ceder la mitad de las acciones de la empresa a la Sra. Jin, por la que había trabajado toda su vida, que empezó a someterse a sus deseos para evitar el divorcio de la Sra. Jin.

Tras el cambio de consejero delegado, el Sr. Bang, que creía en la adivinación como la adivinación y el feng shui, pensó que el deterioro de la empresa se debía a que los empleados hacían cosas que el feng shui dice que no se deben hacer, o a que la disposición del mobiliario de la oficina no era buena según el feng shui.

También pensó que la mala suerte de las personas clave obstaculizaba el desarrollo de la empresa, por lo que puso en marcha medidas como cambiar la distribución de la oficina y trasladar a las personas con mala suerte. Los empleados tenían que sentarse y trabajar en la dirección favorable según la teoría del feng shui, y también había restricciones de movimiento, por lo que tenían que entrar por la puerta trasera en vez de por la delantera.

Por muy buena que fuera una persona, el Sr. Bang comprobaba su hora de nacimiento y los cuatro pilares del destino, y si no era buena, no la contrataba.

Cuando las ventas de la empresa se desplomaban, la Sra. Jin solía criticar directamente a los jefes de equipo en las reuniones, y el estrés hizo que más jefes de equipo y directores generales buscaran atención psiquiátrica.

También hubo un incidente en el que la Sra. Jin asistió a una presentación para ganar un proyecto, y cuando no le gustó el contenido del director general que estaba presentando la ponencia, subió al escenario e hizo la presentación él mismo.

Sin embargo, cuando el director general no subió al escenario con un micrófono y la Sra. Jin fue incapaz de responder a las agudas y profesionales preguntas de los asistentes y perdió el proyecto, la Sra. Jin recriminó al director general que no subiera al escenario y dijo en una reunión formal que había perdido el proyecto por culpa del director general.

El comportamiento de la Sra. Jin provocó la salida de muchos jefes de equipo y superiores estresados, y la productividad de la empresa disminuyó porque los bajos salarios les impedían contratar a gente con talento.

En un equipo, la tasa de rotación era tan alta que sólo uno de los diez miembros llevaba más de un año en la empresa, y había poca formación para los nuevos empleados y ninguna medida para prevenir accidentes.

La sede de la empresa vio una oportunidad de rentabilizar la inversión e inyectó fondos mediante inversiones adicionales, pero el rendimiento de las ventas no mostró signos de mejora.

Sin embargo, la actitud autoritaria, la irresponsabilidad y la incompetencia de la Sra. Jin no parecían mejorar, y el éxodo del personal clave, incluido el director general, continuó.

La suerte de la empresa, que había empezado a pasar de positiva a negativa cuando el Sr. Bang se hizo cargo de ella, no logró enderezarse y, a pesar de los esfuerzos de la central por inyectar fondos, la empresa se vio obligada a declararse en quiebra al cabo de uno o dos años.

Incluso después de la quiebra, el Sr. Bang y la Sra. Jin siguieron diciendo que la razón de la quiebra de la empresa era culpa del Sr. Kim, el Director General, y del Sr. Lee, el Vicepresidente, a quienes habían contratado después de la adquisición.

Copyright © 2023 por Anddy Parque

Todos los derechos reservados

Ninguna parte de este libro puede ser reproducida o transmitida de ninguna forma o por ningún medio, electrónico o mecánico, incluyendo fotocopia, grabación o por cualquier sistema de almacenamiento y recuperación de información, sin permiso por escrito del autor.

Para más información, envíe un correo electrónico a: anddy.park2014@gmail.com

www.ingramcontent.com/pod-product-compliance
Lightning Source LLC
Chambersburg PA
CBHW081456220526
45466CB00008B/2668